高等院校应用型人才培养“十四五”规划教材

电子商务初级项目实战

（第2版）

山西林业职业技术学院
天津滨海迅腾科技集团有限公司 编著

天津大学出版社
TIANJIN UNIVERSITY PRESS

图书在版编目（CIP）数据

电子商务初级项目实战（第2版）/ 山西林业职业技术学院，天津滨海迅腾科技集团有限公司编著. -- 天津：天津大学出版社，2022.8（2025.2重印）
高等院校应用型人才培养“十四五”规划教材
ISBN 978-7-5618-7233-8

Ⅰ. ①电… Ⅱ. ①山… ②天… Ⅲ. ①电子商务－高等职业教育－教材 Ⅳ. ①F713.36

中国版本图书馆CIP数据核字(2022)第111590号

DIANZI SHANGWU CHUJI XIANGMU SHIZHAN

出版发行	天津大学出版社
地　　址	天津市卫津路92号天津大学内（邮编：300072）
电　　话	发行部：022-27403647
网　　址	www.tjupress.com.cn
印　　刷	廊坊市海涛印刷有限公司
经　　销	全国各地新华书店
开　　本	787mm×1092mm　1/16
印　　张	10.25
字　　数	262千
版　　次	2022年8月第1版　2025年2月第2版
印　　次	2025年2月第2次
定　　价	49.00元

高等院校应用型人才培养“十四五”规划教材

指导专家

基于工作过程项目式教程

《电子商务初级项目实战》

主　编： 王军军　陈　鹏

副主编： 邸　光　吕　艳　徐书欣
黄镜源　王　琪　张凤环
李树真　徐灵艳

前　言

为贯彻落实《国家职业教育改革实施方案》，推动新时代职业教育大改革、大发展，落实培养新型专业技能人才的工作，拓展创业就业本领，真正培养社会所需的复合型技术技能人才。本书通过收集企业运营中的典型项目案例并对相关文献进行挖掘提炼，以基于工作过程项目式讲解方式，深入浅出且全面系统地介绍了电商运营中的难点、重点。

本书结合现阶段电子商务平台的众多特点，为使学习者学习思路更加清晰明确，按照电商平台运营模式的不同进行分类讲解，另外结合当前电商行业发展需要，分别对跨境电商、直播电商等新型电商做了深入全面的讲解，解决了现有行业中新型电商运营学习资料匮乏的问题。

本书由王军军、陈鹏共同担任主编，邸光、吕艳、徐书欣、黄镜源、王琪、张凤环、李树真、徐灵艳担任副主编。本书分为七章进行讲解，第一章开篇概括了电商概论、电商行业法律法规，第二章和第三章全面介绍了传统一类、二类电商的注册入驻及运营方法，第四章和第五章结合电商行业未来的发展趋势，重点讲解直播类电商与跨境电商独特的运营机制，使广大学习者拓宽运维思路。前六章主要对当前主流的电商平台进行分析讲解，第七章围绕电商选品内容，重点讲解数据运营的核心关键点，同时对前六章进行运维层次上的总结和提升，更便于学习者学习及实践。

本书的每个章节都通过学习目标、学习路径、任务描述、任务技能、任务实施、任务总结、英语角、任务习题多个模块来讲解相应的知识点。模块化讲解使知识点环环相扣，整体结构条理清晰、内容详细，其中每章节中的任务实施可以将所学的理论知识充分应用到场景实战中去。

本书理论内容系统全面、结构完整、讲解简明、思路清晰。学习者既可以全面系统地学习电商运营知识，也可以有针对性地选章参阅，书中涉及的知识点及案例，均选自真实项目案例，真正做到学以致用、知行并进。

由于编者水平有限，书中难免出现疏漏或不足之处，敬请读者批评指正。

编者

2022 年 4 月

目　录

项目一　电子商务概论

课程思政

学习目标

通过对电子商务的初步认识，了解电子商务的基本概念，熟悉电子商务的优势，掌握电子商务的种类和运营模式，具备应用电子商务的能力。

在任务实践中实现：

1. 了解电子商务的基本概念；
2. 熟悉电子商务的优势；
3. 掌握电子商务的种类和运营模式；
4. 具备应用电子商务的能力。

学习路径

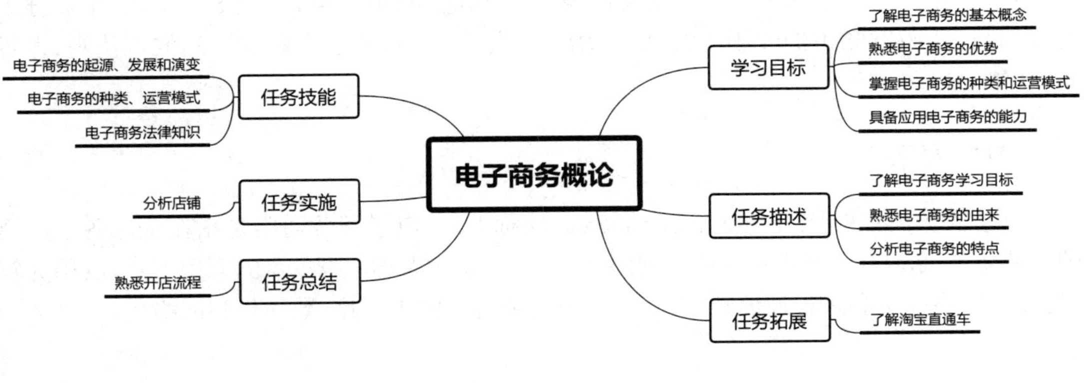

任务描述

电子商务兴起于20世纪末21世纪初，时至今日，虽然“电子商务”这个词已经家喻户晓，但是关于电子商务的概念、存在的意义、对社会产生的影响，很多人却不甚了解。电子商务还在不断发展变革之中，未来有着太多的未知数及变数。常人眼中电子商务很简单，就是手机支付、网上购物等。

【情景导入】

联合国国际贸易程序简化工作组认为电子商务是一个交易过程或者商务过程，并且把交易活动按大小程度分为广义和狭义，狭义的电子商务英文是EC（Electronic Commerce），广义的电子商务英文是EB（Electronic Business）。有学者将电子商务定义为商务活动。其实不管是活动还是过程，电子商务被发掘出来已经深入人心，使人们的生活发生了很大的改变，电子只是工具，根本还是商务，工具是为做生意服务的。随着移动互联网技术的飞速发展，商务活动电子化的条件逐渐成熟，电子商务蓬勃发展。

【内容介绍】

本项目主要介绍了电子商务的起源、发展和演变，电子商务的类型和运营模式，电子商务法律知识和电子商务平台的运行机制分析，通过对电子商务知识的介绍，使读者了解电子商务的应用场景，为以后学习电子商务运营奠定良好的基础。

【课程思政】

通过了解我国电子商务的发展史，认识我国电子商务、数字经济、互联网经济取得的巨大成就，培养学生关心国际国内宏观及微观经济环境发展新动向，树立数字中国、电商强国的大国自信，激发学生的爱国主义情怀，增强文化自信，帮助学生树立正确的价值观、世界观、人生观！

【效果展示】

电子商务，英文是Electronic Commerce，简称EC。电子商务通常是指在全球各地广泛的商业贸易活动中和因特网开放的网络环境下，基于浏览器/服务器的应用方式，利用计算机技术、网络技术和远程通信技术，实现整个商务过程的电子化、数字化和网络化。

任务技能

技能点一　电子商务的起源、发展和演变

一、电子商务起源

电子商务起源于计算机的电子数据处理(Electronic Data Processing,缩写为 EDP)技术,从科学计算向文字处理和商务统计报表处理应用的方向转变。1839 年,当电报出现时,人们就开始了对运用电子手段进行商务活动的讨论。贸易开始以摩尔斯电码点和线的形式在电线中传输,标志着运用电子手段进行商务活动的新纪元开始了。

1991 年,美国政府宣布因特网向社会公众开放,允许在网上开发商业应用系统。1993 年,万维网在因特网上出现,这是一种具有处理数据图文声像超文本对象能力的网络技术,使因特网具备了支持多媒体应用的功能。1995 年,因特网上的商业业务信息量首次超过了科教业务信息量,这既是因特网此后产生爆炸性发展的标志,也是电子商务从此大规模起步发展的标志。1996 年 2 月,威士(VISA)与万事达(MASTER CARD)两大信用卡国际组织共同发起制定保障在因特网上进行安全电子交易的 SET(Secure Electronic Transaction)协议, SET 协议适用于 B2C(Business to Customer,商对客电子商务)模式,解决了客户、商户、银行,或客户、商户、收单行或开户行以及其他银行之间相互认证的问题,以保障交易安全。

1997 年 12 月, VISA 与 MASTER CARD 两组织共同建立安全电子交易有限公司(SETCO 公司),专门从事管理与促进 SET 协议在全球的应用推广工作。

二、电子商务服务业的发展概况

(1)电子商务服务业是伴随电子商务的发展、基于信息技术衍生出的为电子商务活动提供服务的各行业的集合;是构成电子商务系统的重要组成部分和一种新兴服务行业体系;是电子商务应用的基础和促进电子商务创新和发展的重要支撑性力量。

(2)随着电子商务的发展,电子商务服务业也快速发展,其构成不断丰富。电子商务服务业在构成上主要包括电子商务平台服务业、电子商务代运营服务业、电子商务物流服务业、电子商务信用服务业、电子商务咨询服务业、电子商务教育培训服务业、电子商务数据基础服务业、电子商务金融服务业等。作为一个新兴领域,电子商务服务业随着技术进步和商业模式的变革,其功能和发展热点也在不断调整,行业之间的渗透也在逐步加强。如图 1.1 所示。

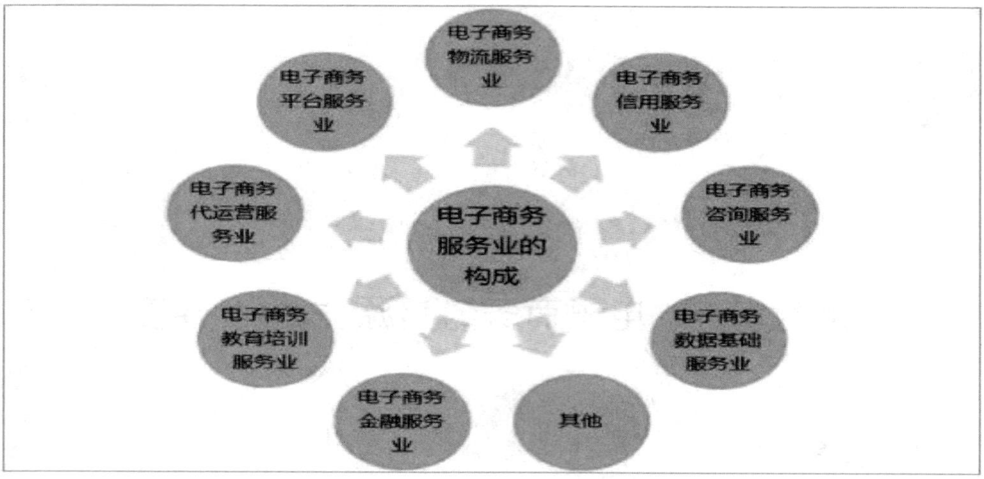

图 1.1 电子商务服务业的构成

三、电子商务的形成

电子商务的形成大约经历了三个阶段。

第一阶段：20 世纪 50 年代中期，“电子商务”的概念由美国提出。当时，它指的是使用电子数据处理设备来自动记账。1964 年，IBM（国际商业机器公司）开发了一种使用磁带存储数据的打印机，首次在办公室引入了商业文档处理的概念，并在 1969 年开发了一种用于处理数据的磁卡打印机。20 世纪 70 年代中期，工业化国家已广泛使用商用电子设备，如文字处理器、复印机、传真机和私人交换机，以实现单一商业业务的电子化。

第二阶段：20 世纪 70 年代，随着微电子技术的发展，特别是个人电脑的出现，商业化已进入以微机、文字处理和局域网应用为特征的新阶段。在此阶段，基于计算机、网络通信和数据标准的电子商务系统应运而生。电子商务系统将分散在各个业务领域的计算机系统连接到计算机局域网中。在这一阶段，通常使用电子报告、电子文档和电子邮件等新技术以及功能强大的商业电子设备。

第三阶段：20 世纪 80 年代末以来，商业电子化朝着建立数字网络的方向发展，如商业综合服务。这一阶段拥有功能强大的电子商务软件包、多功能电子商务工作站和各种在线电子商务设备，如电子白板、智能复印机、智能传真机、电子排版打印设备、复合电子文档系统等。随着电子通信标准的制定和电子数据系统的发展，计算机开始用于商业数据的收集和处理。

四、我国电子商务面临着新的发展机遇

电子商务作为一种现代流通方式，正改变着传统的生产、经营和服务消费模式。国内外实践也都表明，电子商务已经成为企业获取持续竞争优势、保护市场份额、保证经营效益的重要手段。当前，我国电子商务面临着新的发展机遇。对企业而言，需要更加充分地认识到电子商务的应用对提高企业竞争力的重要作用，并结合业务发展实际，进一步推动电子商务从网上信息发布、采购、销售等基础性应用向上下游企业间网上设计、制造、计划管理等全方

位协同应用方向发展。对有关部门而言，则应继续把营造环境与推广应用结合起来，进一步加强信用服务、安全认证、标准规范、在线支付、现代物流等支撑体系建设，以环境建设促进应用发展，以应用发展带动环境建设；把加快发展与加强管理结合起来，针对电子商务发展较薄弱的环节，如网络环境下的市场监管、在线交易行为的规范、信息安全的保障等，进一步采取措施予以加强，建立健全有利于电子商务健康发展的管理体制。

这些年来，随着我国国民经济的快速发展以及国民经济和社会发展信息化的不断进步，我国电子商务行业虽然历经曲折却仍然取得骄人成绩。众所周知，电子商务最基本的特点是现有的信息和通信技术使人与企业之间的业务互动成为现实。在这种互动活动中，交易双方传递的载体通常是网络。交易双方，无论是企业与企业（B2B）、企业与个人（B2C）还是个人与个人（C2C），都应该具有平等的关系，如图 1.2 所示。交易双方都是建立在基本信用基础之上的。在早期的中国电子商务中，电子数据交换（Electronic Data Interchange，缩写为 EDI）和 RN（RosettaNet）似乎都无法满足“安全”要求，“网络信用危机”也没有得到根本解决，交易双方之间有时存在信用缺失问题。幸运的是，国家“十五”重大科技项目“硬信用”解决了这一问题，为中国电子商务提出了建设性和划时代的改进方法。为电子商务交易方提供了一个“避风港”和“淘金好平台”。

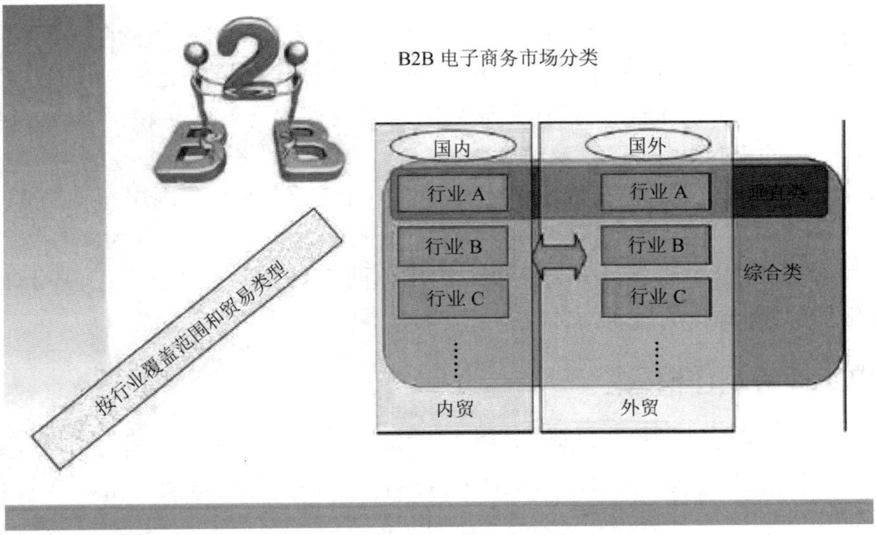

图 1.2 中国电子商务的发展方向

电商扶持政策主要包括法律规定各级政府应当为电商发展制定科学合理的政策，支持、推动、促进电子商务绿色发展，加强电子商务标准体系建设，促进农村电子商务发展，鼓励电子商务数据开发应用，推动建立公共数据共享机制，提供电子商务信用评价服务以及促进跨境电子商务发展等，体现在促进发展、包容审慎、平等对待、均衡保障、协同监管、社会共治、法律衔接等七个方面。

五、关于做好 2022 年度跨境电商政策申报工作的通知

本次政策支持方向为以下八个方面。

(1)鼓励推动各类经营主体开展跨境电子商务业务。

(2)鼓励引进跨境电子商务产业链优势资源。

(3)加强跨境电子商务境外注册和国际认证。

(4)鼓励企业通过跨境电子商务进行品牌全球推广。

(5)鼓励开展跨境电子商务专业培训。

(6)鼓励物流企业和物流平台入驻杭州综试区线上综合服务平台。

(7)鼓励企业参加跨境电子商务相关展会。

(8)鼓励设立跨境电子商务运行监测点。

技能点二　电子商务的种类、运营模式

一、电子商务的种类

根据商务活动的运作模式,电子商务可分为完全电子商务和不完全电子商务。

根据商务活动的内容,电子商务可分为间接电子商务和直接电子商务。间接电子商务是指有形货物的电子订购和支付,这些货物仍然需要通过传统渠道交付,如邮政服务和商业快递车辆服务。直接电子商务是指在全球范围内在线订购无形商品和服务,如某些计算机软件和娱乐产品的支付和交付,以及信息服务。

根据电子交易的范围,电子商务可分为区域电子商务、远程国内电子商务和全球电子商务。

根据网络类型,电子商务可分为基于专用增值网络(EDI)的电子商务、基于 Internet 的电子商务和基于 Intranet 的电子商务。

二、电子商务运作模式

电子商务运作模式是指在网络环境和大数据环境下,以一定的技术基础为基础的业务运作模式和赢利模式,主要包括 B2C、B2B、O2O 等。不同的分类框架可以从多个角度建立,具体类型如下。

(1)B2C(Business to Customer)是企业对消费者,企业与消费者之间的电子商务。

(2)B2B(Business to Business)是企业对企业,企业间的电子商务。

(3)C2C(Customer to Customer)是消费者对消费者,消费者之间的电子商务。C2C 商务平台是为买卖双方提供一个网上交易平台,使卖方可以主动提供网上拍卖的商品,买方可以选择竞价商品。

(4)O2O(Online to Offline)是线上到线下,指将线下的商务机会和互联网结合的电子商务。线下服务可以在线吸引客户,消费者可以使用在线筛选服务,交易可以在线结算。该模型最重要的特点是可以检查促销效果并跟踪每笔交易。

(5)BOB(Business-Operator-Business),即业务运营商业务,指供应商(业务)和采购商(业务)通过运营商达成产品或服务交易的一种新型电子商务模式。

（6）B2Q（Business to Business and Ensure the Quality）通过在采购过程中引入第三方工程师和技术服务人员，提供售前工厂检查，售后安装、调试和维护等服务。

常见的移动电子商务分类如图 1.3 所示。

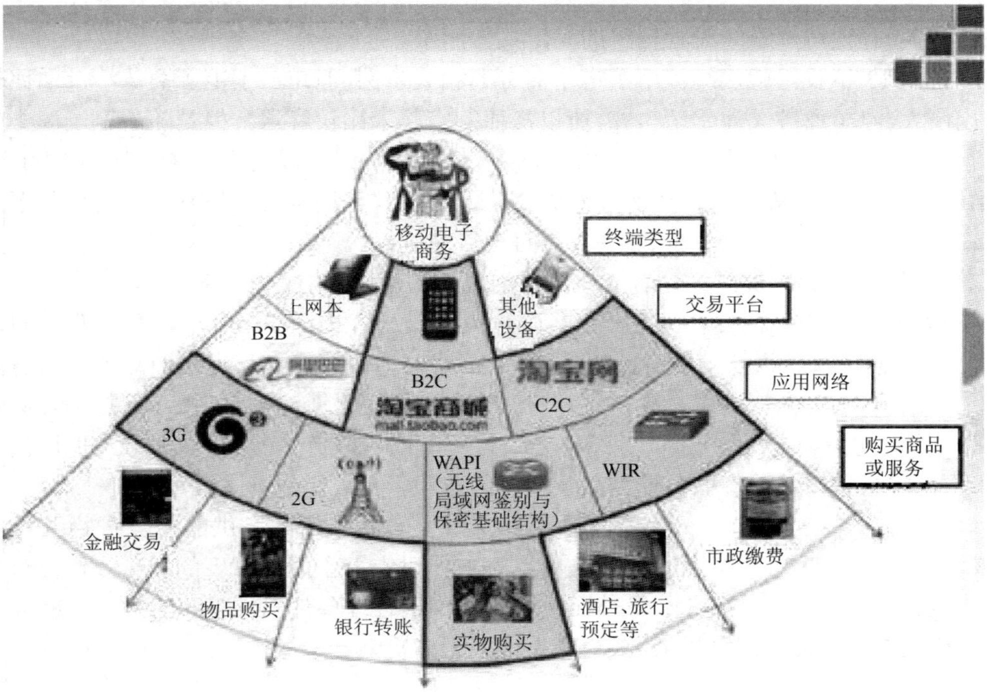

图 1.3　常见的移动电子商务分类

技能点三　电子商务法律知识

一、电子商务涉及的法律问题

电子商务涉及的法律问题主要包括电子合同、知识产权、个人隐私权和管辖权。

（1）电子合同。电子合同是数字化的，不同于传统的书面合同，这使得电子合同效力的识别和操作非常复杂。

（2）知识产权。电子商务的无形性使得知识产权保护更加困难。电子商务网站的网络域名，网站上的各种文章、图像、音频和视频，软件和商业秘密涉及专利权、商标权、著作权等知识产权问题。因此，知识产权的保护与电子商务的发展密切相关。

（3）个人隐私。计算机和网络技术为人们提供了获取信息的途径。随着信息的传输和复制越来越方便，网络的开放性和交互性给个人隐私的保护带来了困难。在线消费时，消费者需要将其个人信息转移到银行和企业。在重复使用这些个人信息的同时保护消费者的隐私也是一个棘手的问题。

(4)管辖权。传统的管辖权通常包括属人管辖权和属地管辖权。网络的超地域性不仅对传统的司法管辖制度造成了巨大的冲击,也带来了一系列的问题。传统的管辖权确定原则要求当事人的国籍、住所、财产所在地等相关因素相对稳定、明确,但这些因素在网络空间变得非常模糊,使得网络纠纷管辖权的确定变得困难。

早在2013年我国就已经提出了电子商务的相关条例,但是由于电子商务涉及面比较广而且规模大,电子商务又属于新事物,所以法律制定起来比较麻烦。但是随着电子商务的逐渐完善,历经3年的起草和2年多次的会议审议,电商法终于成功设立了。2018年8月31日,第十三届全国人民代表大会常务委员会第五次会议表决通过《中华人民共和国电子商务法》(以下简称《电商法》),自2019年1月1日起施行。

《电商法》的出台,提醒经营者应该注重消费者的切身利益。

《电商法》一共七章八十九条,保护了消费者的权益,如图1-4所示。第十八条明确规定:"电子商务经营者根据消费者的兴趣爱好、消费习惯等特征向其提供商品或者服务的搜索结果的,应当同时向该消费者提供不针对其个人特征的选项,尊重和平等保护消费者合法权益"。第十九条规定:" 电子商务经营者搭售商品或者服务,应当以显著方式提请消费者注意,不得将搭售商品或者服务作为默认同意的选项。"

《电商法》规定,未为消费者提供对平台内销售的商品或者提供的服务进行评价的途径,或者擅自删除消费者的评价的,将被处以十万元以上五十万元以下的罚款。针对过失转账,《电商法》则要求电商平台不得对押金退还设置不合理条件,且应明示押金退还的方式、程序。违反规定者面临最低五万元、最高五十万元的罚款。

图1.4 电商法

二、《电商法》有关规定

《电商法》第十一条规定:"电子商务经营者应当依法履行纳税义务,并依法享受税收优惠。依照前条规定不需要办理市场主体登记的电子商务经营者在首次纳税义务发生后，应当依照税收征收管理法律、行政法规的规定申请办理税务登记，并如实申报纳税。”

《电商法》第十二条规定：“电子商务经营者从事经营活动，依法需要取得相关行政许可的，应当依法取得行政许可。”

《电商法》第十四条规定：“电子商务经营者销售商品或者提供服务应当依法出具纸质发票或者电子发票等购货凭证或者服务单据。电子发票与纸质发票具有同等法律效力。”

三、《电商法》新规定的意义

《电商法》的新规定主要有以下意义。

(1)就税收做了框架的规定，通过电商渠道进行的各种方式的交易都需要缴纳税款，偷税漏税行为将被进一步扼制。

(2)对跨境电商的要求也会更加严格和规范化，代购要依法办理主体登记。

(3)对“虚假评论”行为进行了否定，“刷好评”行为被禁止。

(4)出台了“二选一”(经营者垄断)相关遏制条款。

(5)限制“搭售行为”，不得将搭售商品或者服务作为默认同意的选项。

(6)规定电子商务经营者不得以格式条款等方式约定消费者支付价款后合同不成立，有效遏制电商“砍单”行为。

(7)就支付产生的问题做出了创新性规定，如明确了对账服务以及三年交易记录的规定。

(8)规定消费者申请退还押金，符合押金退还条件的，电子商务经营者应当及时退还，解决了押金退还难的问题。

(9)规定电子商务经营者应当按照承诺或者与消费者约定的方式、时限向消费者交付商品或者服务，避免了快递交付难题。

任务实施

通过对店铺信息的分析，了解店铺的基本概况，认识产品在上架过程中的属性、名称、规格等信息。

第一步，在淘宝上选择一家店铺，如图 1.5 所示。从店铺首页可以看到，店内销售的商品主要分为上装和下装。

图 1.5　店铺页面

第二步，点击其中任意一件商品链接，可以看到商品的标题、价格、优惠、配送、尺码、颜色等信息，如图 1.6 所示。

图 1.6　详情页

第三步，查看商品详情，如图 1.7 所示，可以看到商品的属性描述，包括服装版型、腰型、基础风格等。

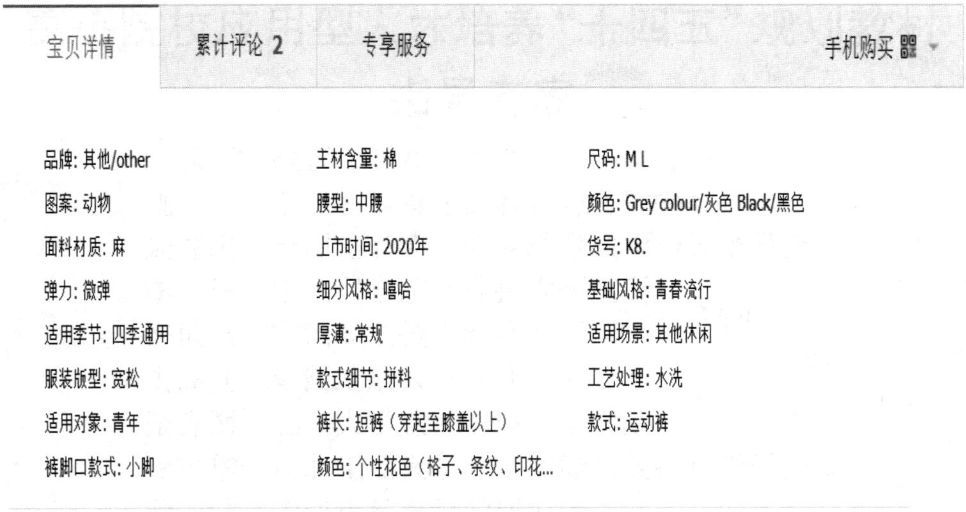

图 1.7　产品属性

第四步，查看商品参数尺码。客户在购买服装时，最注重的就是尺码。服装参数和尺码如图 1.8 和图 1.9 所示。该商品尺码描述非常详细，不仅有服装的尺码，还有各模特试穿的情况，可以让顾客根据自己的身材比对选择。

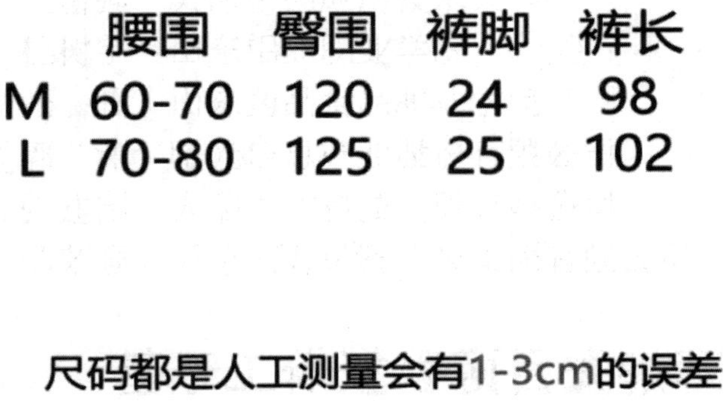

图 1.8　商品参数

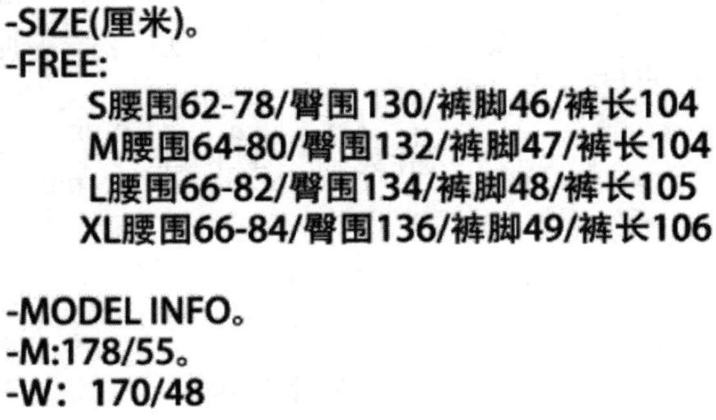

图 1.9　商品尺码

英语角

Electronic Commerce	电子商务
Big Data	大数据
Customer Relationship Management	客户关系管理
Artificial Intelligence	人工智能
Supply Chain Management	供应链管理
Consumer	消费者端
Internet of Thing	物联网
Mobile E-Commerce	移动电商
Cloud Computing	云计算
E-COMMERCE Law	电商法律

任务习题

一、名词解释

电子商务　O2O　客户关系管理

二、单项选择题

1. 电子商务的核心是（　　）。

A. 计算机技术　　B. 数据库技术　　C. 网络　　D. 商务

2. 生产类企业网上采购是一种典型的（　　）电子商务活动。

A. B2C　　B. B2B　　C.B2G　　D.C2C

3. 广义上的电子商务对应的标准英文是（　　）。

A. E-mail　　B. Electronic Commerce

C. Electronic Business　　D. Electronic Intermet

4. 阿里巴巴网站的类型是（　　）。

A. C2C　　B. B2B　　C. B2C　　D. B2G

5. 最早的网上 B2C 公司是（　　）。

A. 英国的网上服装店　　B. 美国的网上商城亚马逊

C. 英国的网上书店亚马逊　　D. 美国的网上书店亚马逊

6. SCM 指的是（　　）。

A. 客户关系管理　B. 人力资源管理　C. 供应链管理　D. 企业资源计划

7. 我国最早产生的电子商务模式是（　　）。

A. B2B　B. C2C　C. B2C　D. B2G

8. 国际现代商业的最新形式是（　　）。

A. Intranet 商务　B. 网站电子商务　C. EDI 商务　D. Intermet 商务

三、多项选择题

1.（　　）是电子商务概念模型的组成要素。

A. 交易主体　B. 电子市场　C. 交易事务　D. 交易手段

2. 按商业活动运作方式分类，电子商务可以分为（　　）。

A. 直接电子商务　B. C2C 电子商务　C. B2C 电子商务　D. 间接电子商务

E. B2B 电子商务

3. 电子商务中的任何一笔交易都包括（　　）等。

A. 物流　B. 资金流　C. 信息流　D. 现金流

4. 电子商务框架结构包括（　　），其中电子支付属于（　　）。

A. 网络层　B. 技术支持层

C. 服务支持层　D. 国家政策及法律规范

E. 技术标准和网络协议　F. 电子商务应用层

四、思考题

1. 在电子商务系统的基本要素中，每个要素的功能是什么？

2. 目前电子商务涉及的主要法律问题是什么？我国颁布了哪些电子商务法律？

3. 2019 年 1 月 1 日实施的《电商法》主要解决电子商务的哪些方面问题？

4. 电子商务产生和发展的主要条件是什么？电子商务的发展经历了哪些阶段？

5. 谈谈你对电子商务的理解。你认为电子商务在哪个行业的应用前景更好？为什么？

项目二 一类电商

课程思政

学习目标

通过对一类电子商务的学习，认识一类电商的各个开放平台，熟悉一类电商的运行机制，具备分析一类电商运营基本数据的能力，能够独立完成各个电商平台的入驻开店。

在任务实践中实现：

1. 了解一类电商的开店方式；
2. 熟悉一类电商的运营机制；
3. 掌握一类电商的运营模式；
4. 具备分析一类电商的判断能力。

学习路径

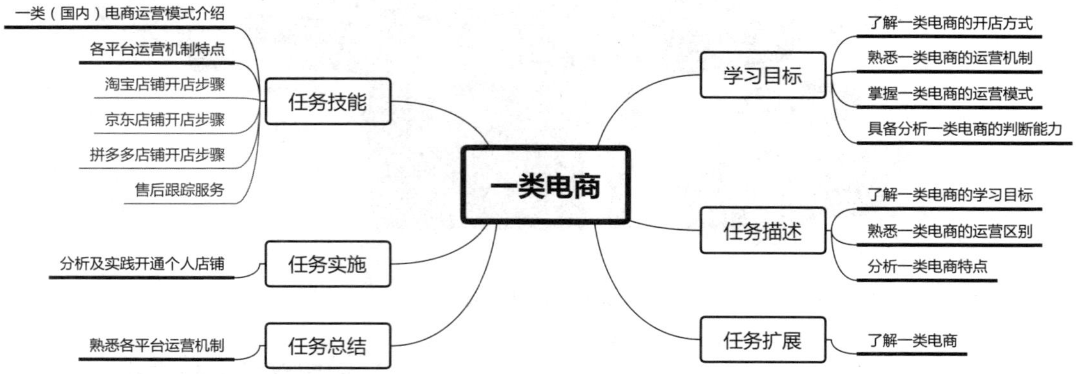

任务描述

我们熟悉的淘宝、京东、拼多多、唯品会、苏宁易购等，这些都属于一类电商（图 2.1）。简言之，一类电商是一个大市场，企业在这里开店销售商品，而这个市场是一个销售商品的平台。

图 2.1　常见的一类电商平台

【情景导入】

一类电商的是指在线支付商店，如拼多多、天猫、京东、闲鱼等。一类电商是以开设商店的形式，实现商品上架、下订单、在线支付和收款的过程。

【内容介绍】

本项目主要介绍了一类电商入驻开店的流程和步骤。

【课程思政】

通过学习一类电商的商业模式，引导学生了解国家对电子商务发展的“中国之治”，坚定“四个自信”，鼓励学生学以致用，建立为乡村振兴、制造强国、服务民生贡献力量的责任感。

【效果展示】

做一类电商，我们需要花时间学习和研究电商平台的各种规则，掌握店铺在平台上的开店流程，掌握对店铺的运营能力。

任务技能

我们经常用到的京东、天猫、淘宝等平台，店铺的交易流程大体是“商品上架—客户下单—在线支付—签收回款”。

一类电商的特点如下。

（1）侧重卖多种商品，重视产品的复购率。

（2）店铺根据规模需要配备客服人员，订单越多需要的客服人员就越多，售前客服和售后客服同样至关重要。

（3）客户先付款，商家再发货，资金由第三方支付平台提供担保，直至交易完成。

（4）很多商家在同一个平台上卖货，产品的同质化现象严重，商家若想使自己的产品脱颖而出，必须具备一定的运营能力。在日益完善的各电商平台系统下，对运营者的运营能力提出了较高的要求，从市场调研、选品、文案制作、推广到售后乃至产品回购均要求运营人员做出完整的策划方案并实施。

技能点一　一类（国内）电商运营模式介绍

现在是移动互联网时代，电子商务已经成为目前最热门的行业，很多人都想参与其中。电子商务的运营模式分为以下几种。

1. 垂直类型

垂直类型主要经营单一类别的商品，如化妆品、鞋、服装、酒类等。垂直类型电子商务的一个非常重要的特点是销售的商品是自营的。这类公司通常获得一些品牌的代理权或分销权，通过差价赚取利润（图 2.2）。

图 2.2　常见的垂直类型电商平台

2. 混合类型

垂直类型电子商务发展到一定程度会遇到瓶颈。突破这一瓶颈的最有效途径是类别扩展。比如，以 3 C 数码起家的京东、以经营化妆品为主的聚美优品，以及以经营图书为主的亚马逊、当当，现在已经发展成为混合类型电子商务平台。这些平台的特点是“自营 + 门店经营”，平台自营原有优势的商品品类，争取更大的议价能力，通过扩大市场份额赚取供应商的销售差价；引入更多的目标品牌入驻开店，通过佣金、服务费、广告费等方式获取利润。

3. 内容类型

小红书（图 2.3）是内容类型电子商务平台的一个典型例子，它通过收集相关销售数据和对数据进行分析来挖掘热点。为了满足用户需求，保持用户在购物生态系统中的地位，小红书在过去两年大力支持专家担任导购，通过相关频道和功能为用户推荐高质量的内容，引导消费者的购物决策。

图 2.3　小红书

4. 导购类型

这种运营模式的重点是流量变现和佣金分配，赢利模式主要是赚取交易佣金。导购类型电子商务网站有“9.9 元包邮”“白菜价”“返佣网”等。专门从事此类推广销售的人员称为淘宝客。淘宝客获得的利润相当可观。最早的“美丽说”和“蘑菇街”都是优质的导购网站，现在它们已经转变为电子商务平台。2015 年下半年，导购直播应运而生，各大电商运营公司以现场直播的形式对服装和化妆品进行展示和介绍，为消费者提供了更直观的购物体验，提高了商品转化率。

5. 闪购类型

闪购网站本质上也属于平台，如唯品会。它们在限定时间内对某个或某几个特定品牌进行抢购。这种促销的核心竞争力是时间限制和最低价格。为了构建竞争壁垒，唯品会建立了自己的仓储和物流系统，以确保消费者获得良好的购物体验。

6. 买方类型

代购买手掌握潮流信息和流行趋势，可以帮助全世界的消费者购买商品，它们有一群粉丝，可以掌握一定的订单。“美丽说”“higo”和“氧气”都属于这种模式。它们收集时尚物品，并通过世界各地的交易平台满足消费者的需求。

7. 服务类型

这种类型的电子商务平台上提供电子商务支持服务公司，如代理运营商，它们通过帮助品牌运营网店并收取服务费来获取利润。

技能点二　各平台运营机制特点

一、淘宝

1. 实体店 + 网店类型

属于这种运营机制的多是个体实体店，它们通过“实体店 + 网店”双重经营的模式，做到线上与线下相结合，收到了良好的效果。

2. 专卖店类型

与线下专卖店一样，淘宝专卖店多数为企业或运营公司开设，淘宝专卖店只出售一个或指定授权的品牌产品系列，不仅专业性强，而且对产品的质量提供较完善的保障。

二、京东

京东以自营品类和联营商家为主，拥有稳定的供货商，以保证产品质量，同时严选渠道京东商家和生产厂家，具备自己独立的云仓储服务，以及完善的 B2C 物流体系。

三、拼多多

拼多多运营机制具有以下两个特点。

（1）采用在线团购模式。消费者可以以团购价格购买商品。例如，一件连衣裙的价格是 58 元，消费者可以通过拼单价 39 元的价格购买。消费者可以将商品链接发送给自己的朋友，邀请他们一起团购，从而产生销售裂变。

（2）做 M2C，即跨过中间环节，商家直接对接工厂，并通过平台销售给消费者。减少中间环节，可以降低商品价格，增加订单量，使商品批量销售。而拼多多的社交游戏和现金游戏则是 M2C 模式的运作手段，可以让 M2C 更好地运作。

这条 D（设计）—M（制造商）—S（供应链）—B（商场，大卖场）—B（商店）—C（消费者，终端用户）链有许多前进和后退的方式。因此，我们听到和看到的许多模式，如 M2C、S2B、S2C、C2M、C2B 等，都是从这条链衍生出来的。

技能点三　淘宝店铺开店步骤

淘宝店铺开店步骤如下。

(1)在百度中搜索“淘宝网”,在搜索结果中找到淘宝网官网,如图 2.4 所示。

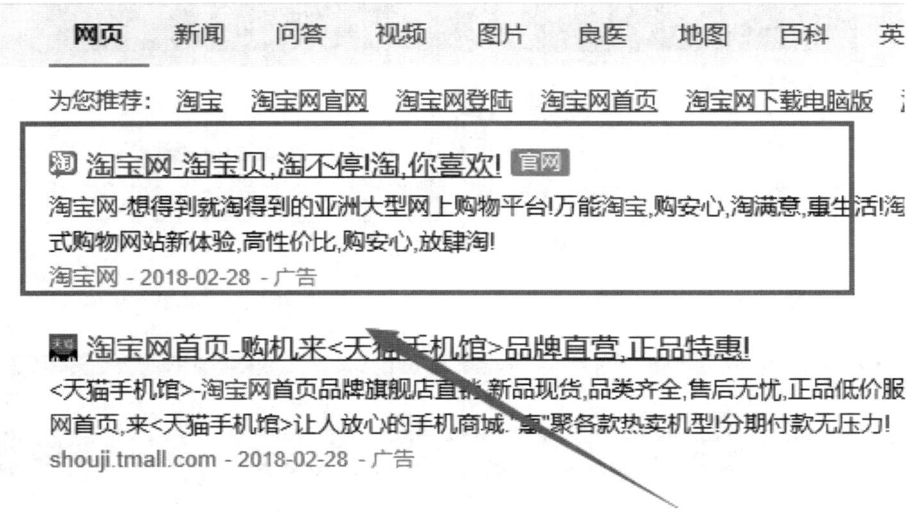

图 2.4　找到淘宝网官网

(2)进入淘宝网官网后点击“亲,请登录”(图 2.5),在弹出的对话框中输入用户名和密码,登录淘宝网。

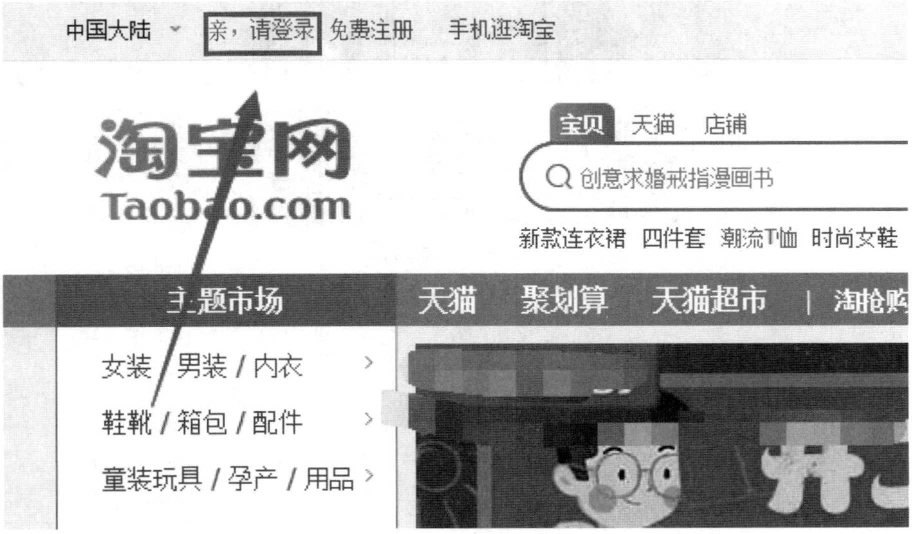

图 2.5　登录淘宝网账号

（3）登录成功页面如图 2.6 所示。

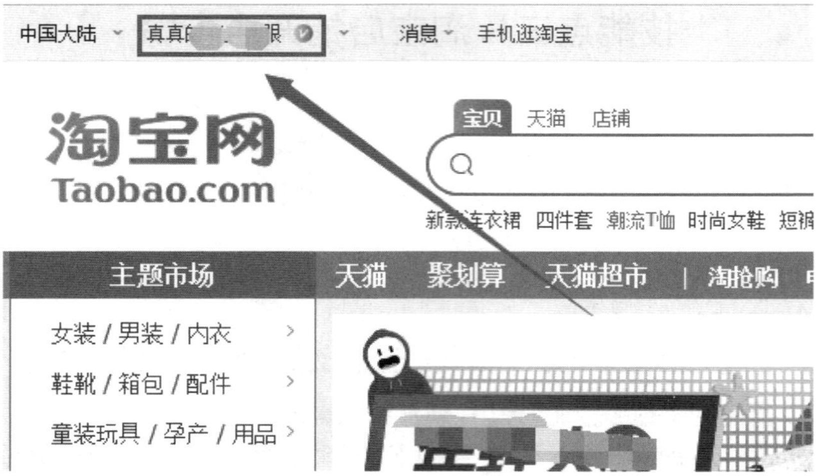

图 2.6　登录成功页面

（4）在页面的右上方找到“卖家中心”，然后点击“免费开店”，如图 2.7 所示。

图 2.7　免费开店

（5）进入开店页面，如图 2.8 所示。

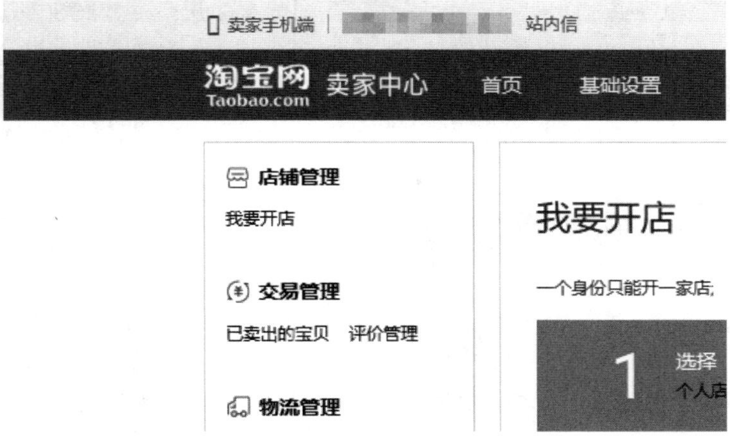

图 2.8　开店页面

(6)选择开店类型,如图 2.9 所示。

图 2.9　选择开店类型

(7)仔细阅读开店须知,如图 2.10 所示。

图 2.10 开店须知

（8）阅读完毕后，点击“我已了解，继续开店”，如图 2.11 所示。

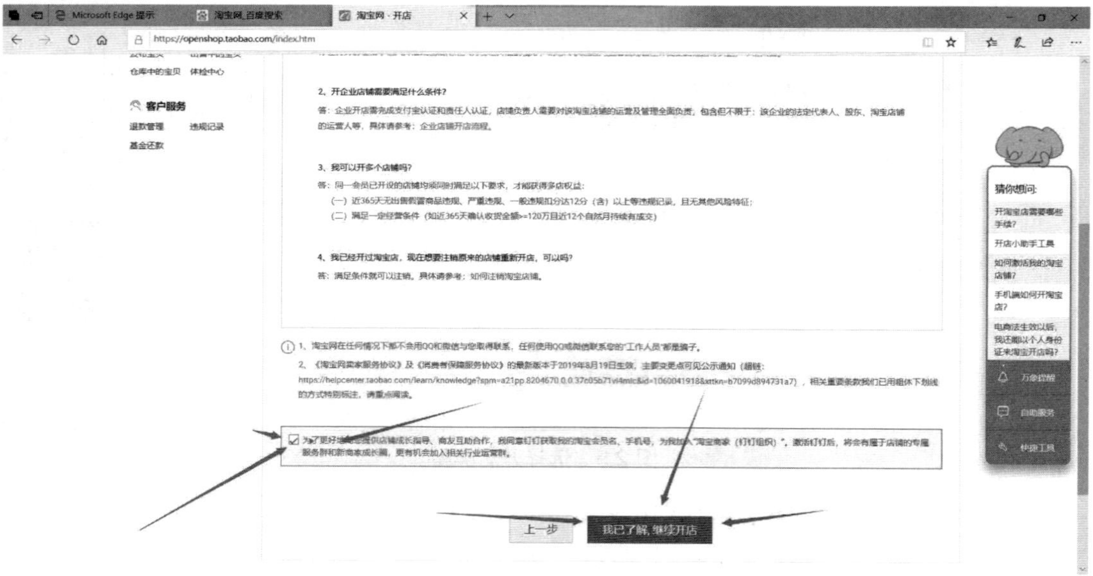

图 2.11 “我已了解，继续开店”

（9）在弹出的页面中点击“立即认证”进行身份识别，如图 2.12 所示。

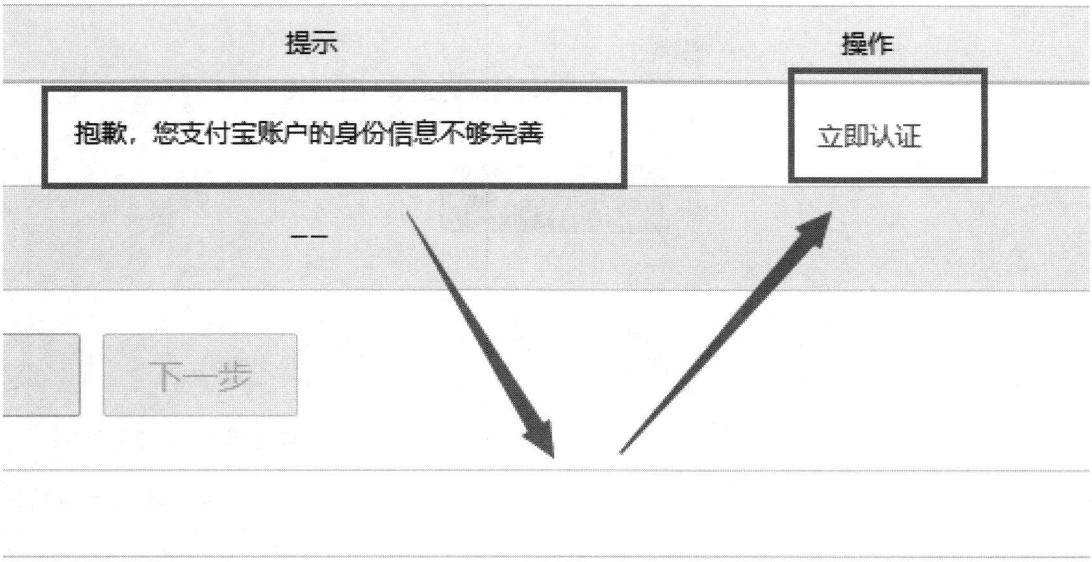

图 2.12　身份识别

（10）上传身份证照片进行实名制认证，如图 2.13 所示。

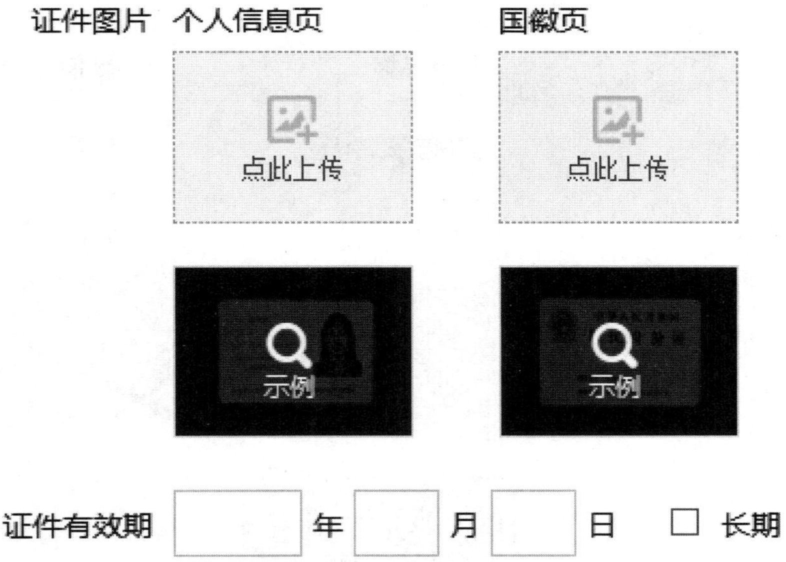

图 2.13　上传身份证照片

（11）上传完毕后，点击“确定提交”，如图 2.14 所示。

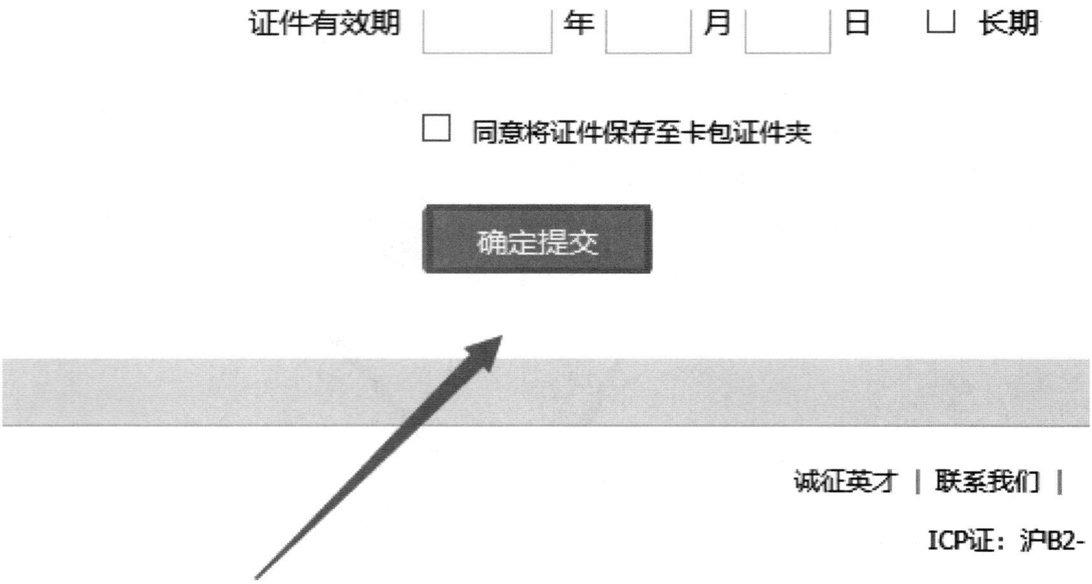

图 2.14　提交认证资料

（12）认证通过后，点击“创建店铺”，如图 2.15 所示。

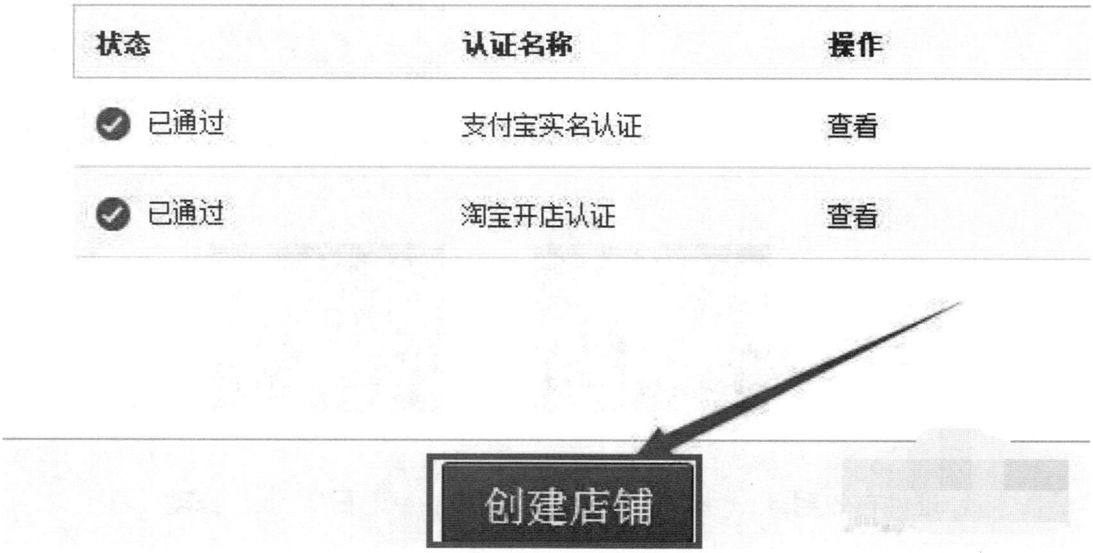

图 2.15　创建店铺

（13）完善店铺信息，如图 2.16 所示。

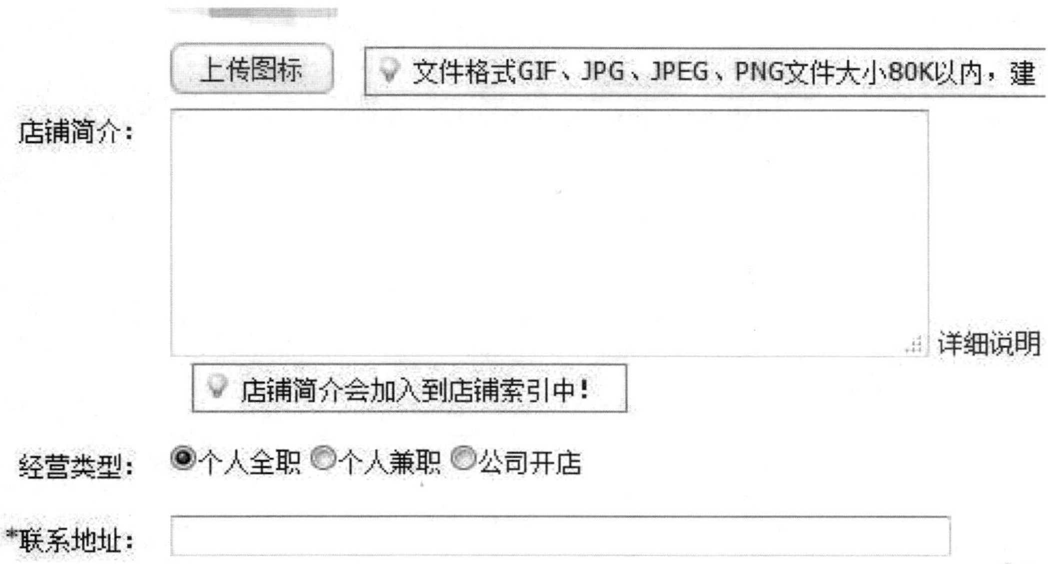

图 2.16　完善店铺信息

（14）店铺开通后打开“卖家中心”，如图 2.17 所示，对店铺进行基础设置。

图 2.17　卖家中心

（15）点击页面左侧的“物流工具”，如图 2.18 所示。

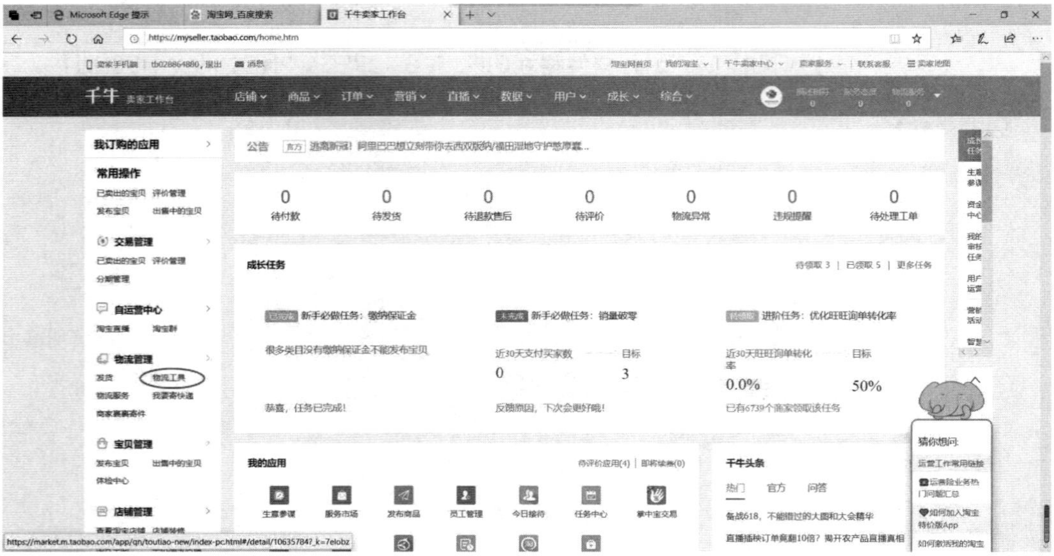

图 2.18 物流工具

（16）点击“运费模板设置”，如图 2.19 所示。

图 2.19 运费模板设置

（17）点击“新增运费模板”，如图 2.20 所示，建立一个运费模板。

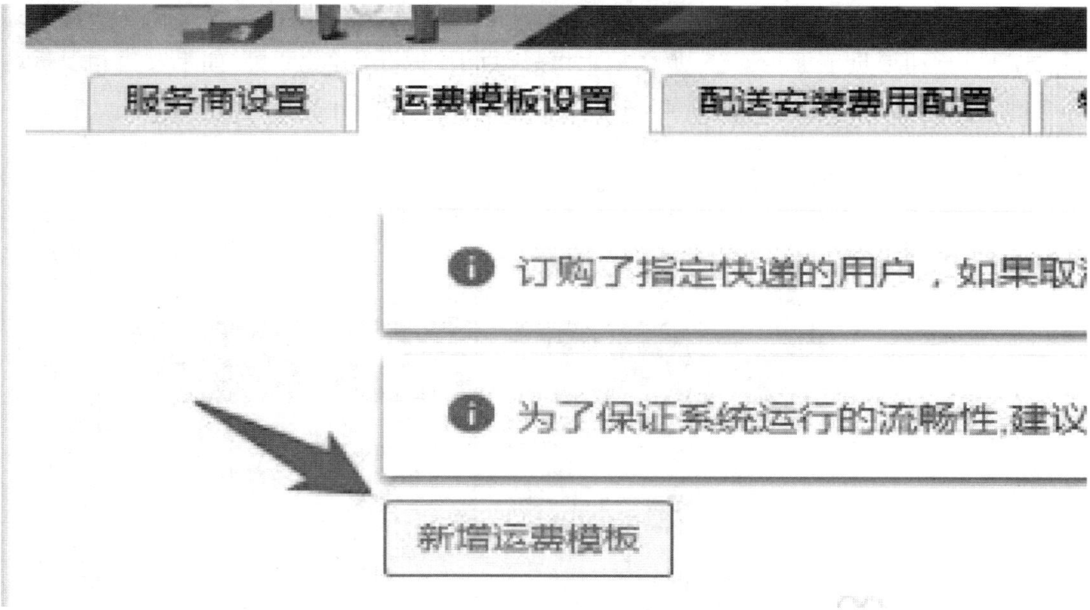

图 2.20　新增运费模板

（18）发、退货地址设置可以在千牛工作台上完成。打开千牛工作台，如果千牛悬浮条被隐藏了，那么可以在任务栏的隐藏图标中找到它。点击图 2.21 中的箭头图标，在弹出的图标中，选中千牛图标，单击鼠标右键，在弹出的菜单中，点击“打开工作台”，在弹出的工作台界面，左侧栏中点击“物流管理”中的“物流工具”，如图 2.21 所示。

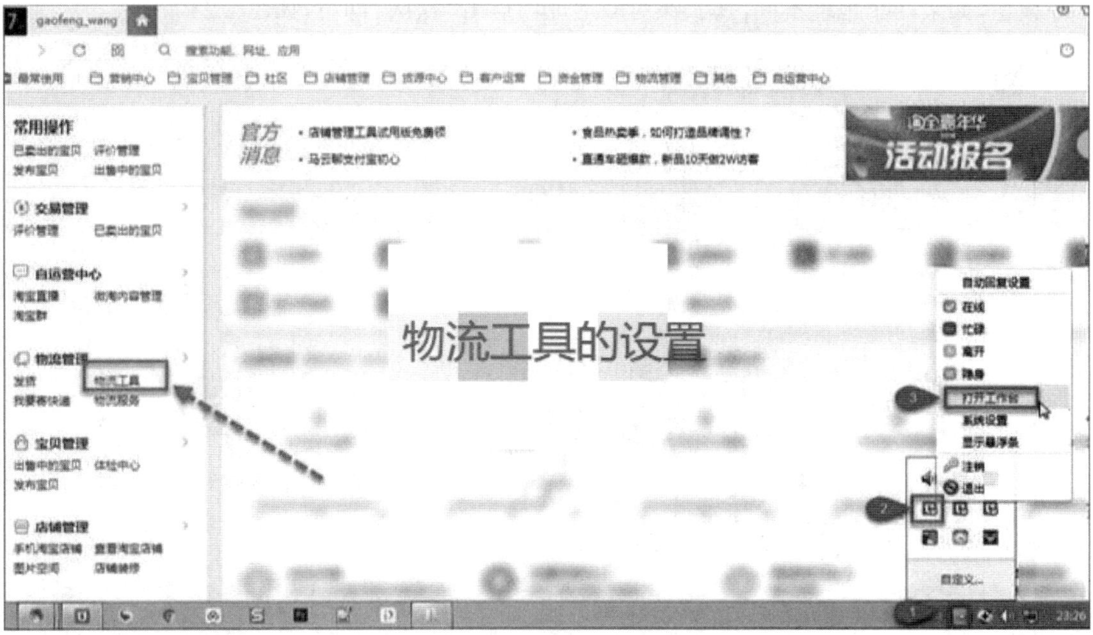

图 2.21　物流工具

（19）在打开的物流服务页面上，点击“地址库”，切换界面，可以看到添加新地址的项目，如果发货和退货地址是一个，那么填上信息，点击“保存设置”即可，如果发货和退货地址不同，可以分别填写两条地址信息，如图 2.22 所示。

图 2.22　地址库

（20）如果发货地址和退货地址一样，那么分别选中“发货地址”和“退货地址”中的“默认”按钮，如果两个地址不同，那么在对应地址项点击“默认”即可，如图 2.23 所示。

图 2.23　选择默认地址

（21）物流设置模板如图 2.24 所示。

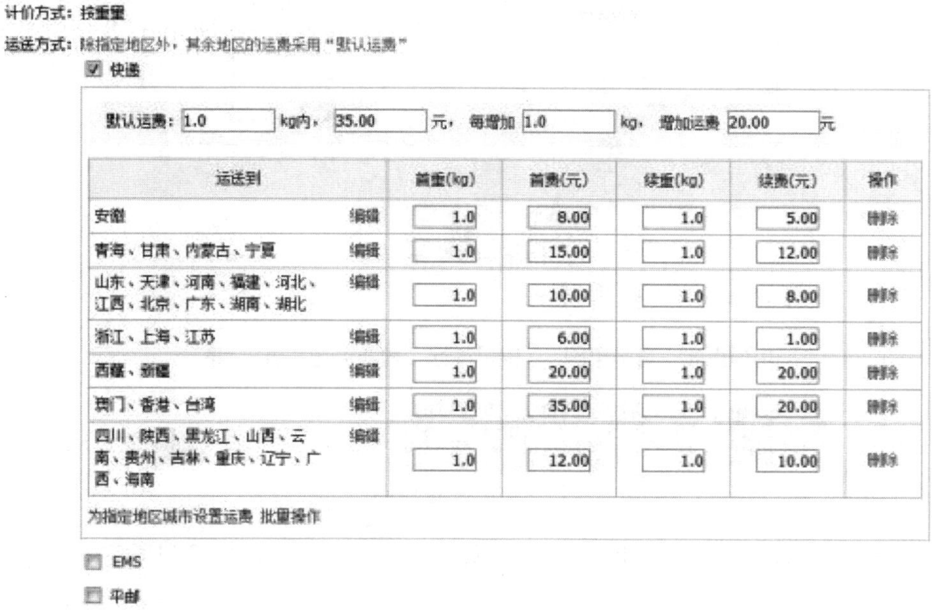

图 2.24　物流设置模板

（22）在 PC 端淘宝网首页登录卖家账号如图 2.25 所示。

图 2.25　登录账号

（23）点击“卖家中心”，如图 2.26 所示。

图 2.26　卖家中心

（24）在左侧的“店铺管理”下拉菜单中点击“店铺装修”，如图 2.27 所示。

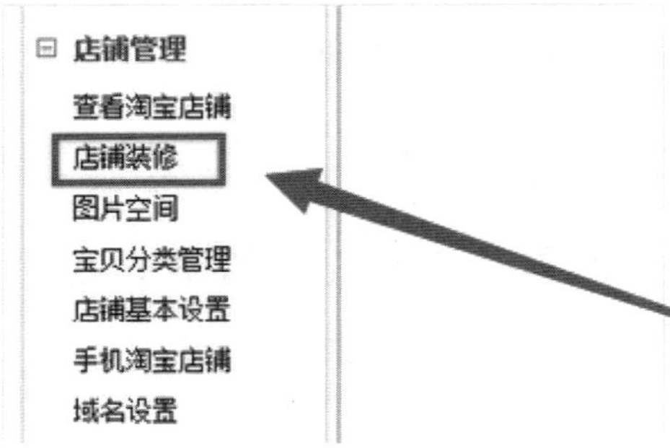

图 2.27　店铺装修

（25）制作店招，在标题框中填入标题，点击“确定提交”，如图 2.28 所示。店招效果如图 2.29 所示。

图 2.28　店招制作

图 2.29　店招效果

（26）选中图片，单击鼠标右键，在弹出的对话框中选择“将图片另存为”，将图片保存在指定位置就可以了，如图 2.30 所示。

（27）在装修店铺的页面，选中店招的部分，单击“编辑”，如图 2.31 所示。

（28）进入后选中“自定义招牌”，如图 2.32 所示。

（29）点击插入“图片空间图片”，选择上传新图片，店招就设置好了，如图 2.33 所示。

（30）店铺的页面布局。首先是模板风格的选择，点击装修，选择模板，点击“保存”，如图 2.34、图 2-35 所示。

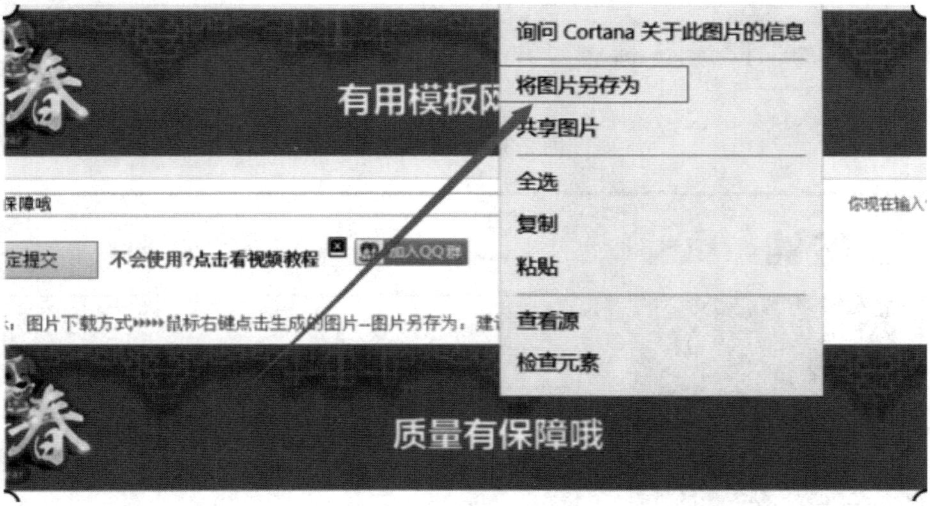

图 2.30　将图片存到指定位置

图 2.31　编辑店招

图 2.32　自定义招牌

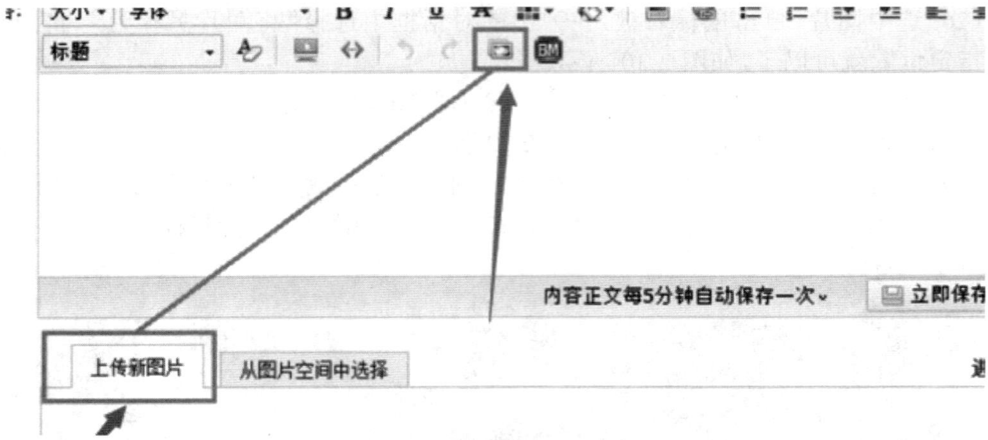

图 2.33　上传图片

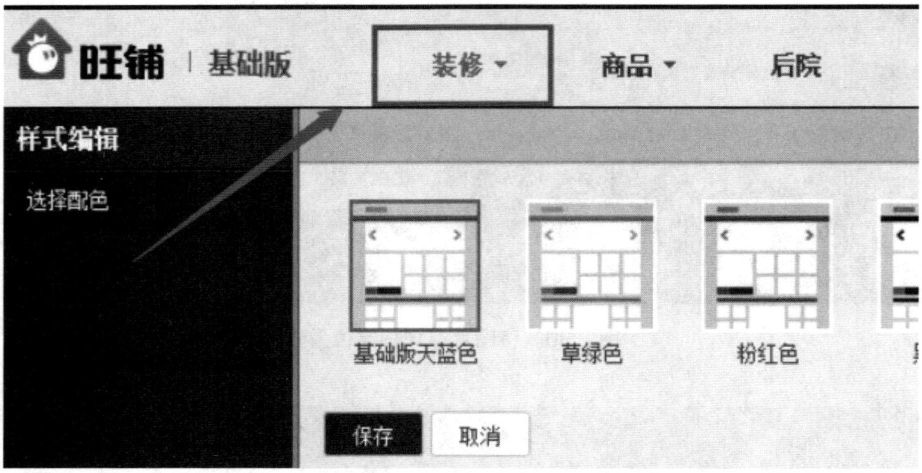

图 2.34　装修

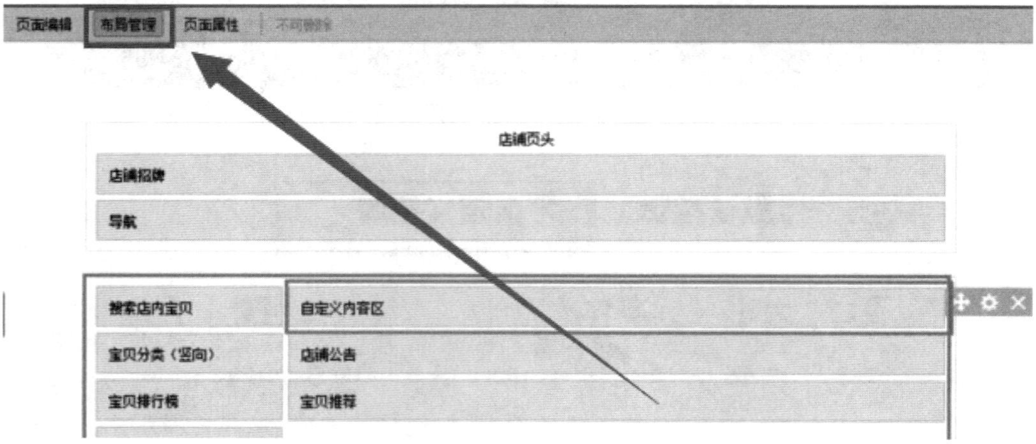

图 2.35　布局管理

（32）在 360 浏览器中上搜索“免费淘宝模板代码”，如图 2.36 所示。

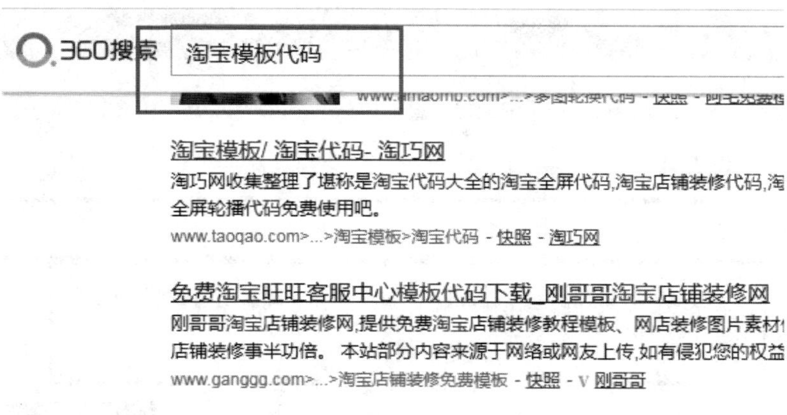
360搜索
淘宝模板代码
淘宝模板/ 淘宝代码- 淘巧网
淘巧网收集整理了堪称是淘宝代码大全的淘宝全屏代码,淘宝店铺装修代码,淘
全屏轮播代码免费使用吧。
www.taoqao.com>...>淘宝模板>淘宝代码 - 快照 - 淘巧网
免费淘宝旺旺客服中心模板代码下载_刚哥哥淘宝店铺装修网
刚哥哥淘宝店铺装修网,提供免费淘宝店铺装修教程模板、网店装修图片素材
店铺装修事半功倍。 本站部分内容来源于网络或网友上传,如有侵犯您的权益
www.ganggg.com>...>淘宝店铺装修免费模板 - 快照 - V 刚哥哥

图 2.36　淘宝模板代码

（33）将代码复制粘贴到代码编辑区，再点击一下源码按钮，就可以看到效果了，如图 2.37 所示。

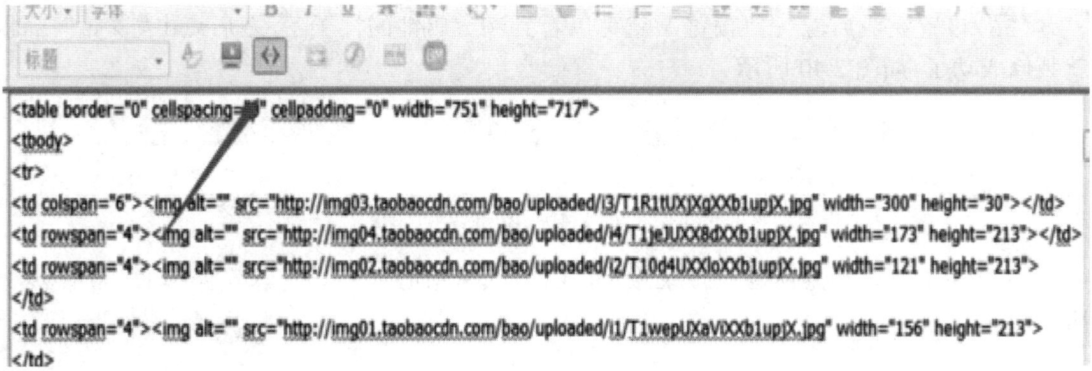
标题
<table border="0" cellspacing="0" cellpadding="0" width="751" height="717">
<tbody>
<tr>
<td colspan="6"><img alt="" src="http://img03.taobaocdn.com/bao/uploaded/i3/T1R1tUXjXgXXb1upjX.jpg" width="300" height="30"></td>
<td rowspan="4"><img alt="" src="http://img04.taobaocdn.com/bao/uploaded/i4/T1jeJUXX8dXXb1upjX.jpg" width="173" height="213"></td>
<td rowspan="4"><img alt="" src="http://img02.taobaocdn.com/bao/uploaded/i2/T10d4UXXloXXb1upjX.jpg" width="121" height="213">
</td>
<td rowspan="4"><img alt="" src="http://img01.taobaocdn.com/bao/uploaded/i1/T1wepUXaViXXb1upjX.jpg" width="156" height="213">
</td>

图 2.37　复制粘贴

（34）添加宝贝的图片和价格。先双击插入图片，然后点击“编辑”，如图 2.38 所示。

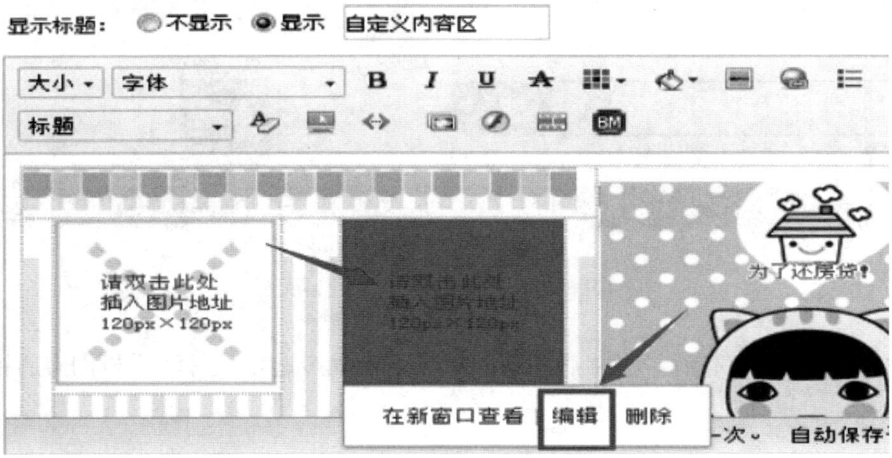
显示标题：
不显示
显示
自定义内容区
大小
字体
B I U
标题
请双击此处
插入图片地址
120px×120px
为了还房贷！
在新窗口查看
编辑
删除
自动保存

图 2.38　编辑

（35）设置图片的各种信息，链接网址为宝贝所在页的网址，如图 2.39 所示。

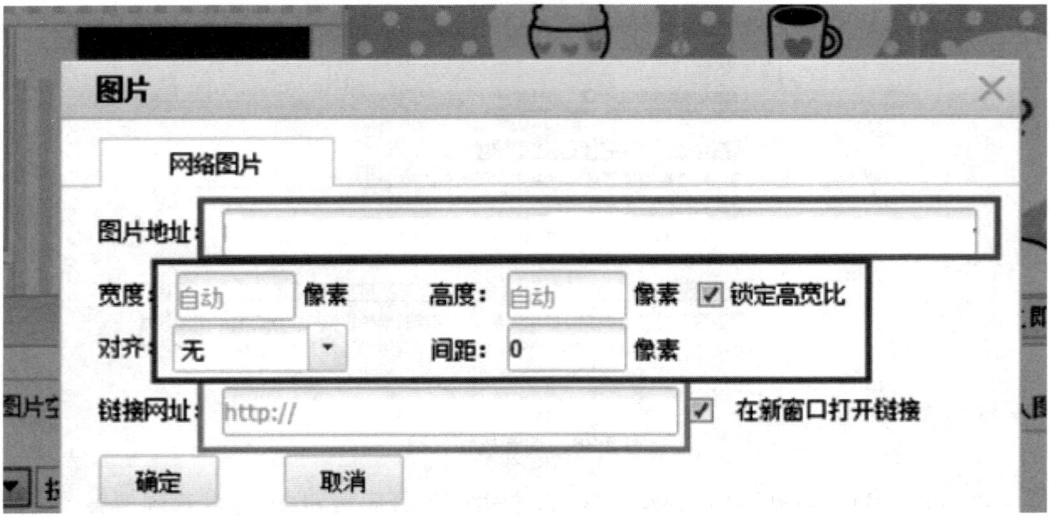

图 2.39 设置图片信息

（36）设置完成后，点击“预览”，就可以看到淘宝店铺的样子了，之后点击“发布”店铺就装修成功了，如图 2.40 所示。

图 2.40 发布

（37）在手机端淘宝网首页登录账号，找到“卖家中心”，点击进入卖家中心，如图 2.41 所示。

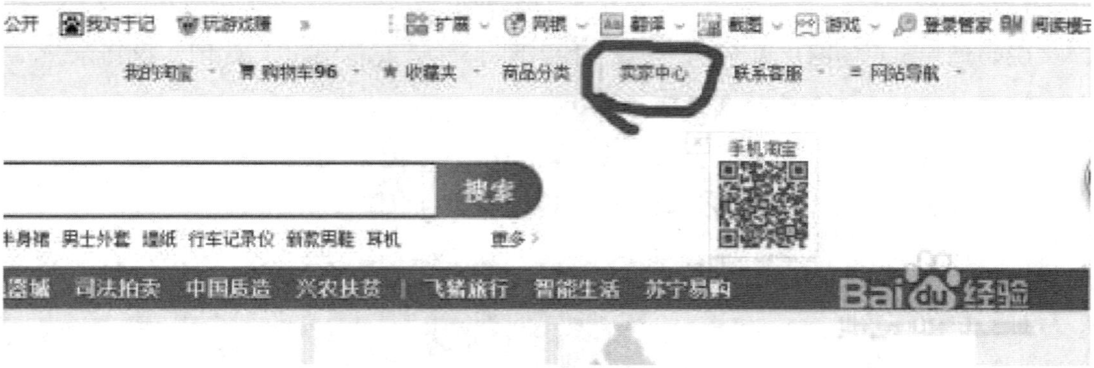

图 2.41 卖家中心

（38）进入卖家中心后，找到“店铺管理”，其下有很多选项，选择“手机淘宝店铺”，如图 2.42 所示。

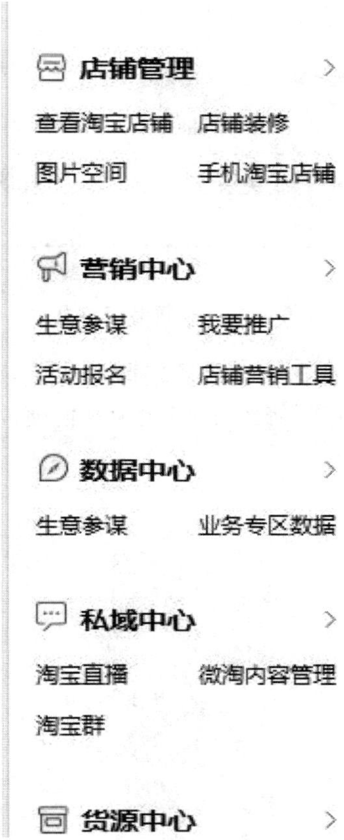

图 2.42　手机淘宝店铺

（39）点击进入后就可以装修手机店铺了，点击“立即装修”，再点击“店铺首页”装修，如图 2.43 所示。

图 2.43　点击“店铺首页”装修

（40）点击“一键装修首页”，如图 2.44 所示。

图 2.44 一键装修首页

（41）根据店铺类目选择店铺风格。当智能版首页装修完以后，淘宝店铺首页就生成了，如果不满意还可以根据需要进行修改，或者更换其他模板，如图 2.45 所示。

图 2.45 选择模板

技能点四 京东店铺开店步骤

京东店铺开店步骤如下。

（1）在 360 浏览器中搜索“京东官网”，点击进入，如图 2.46 所示。

图 2.46　进入官网

（2）在京东官网首页的最下方找到“合作招商”，如图 2.47 所示，点击进入。

图 2.47　合作招商

（3）点击“立即入驻”，如图 2.48 所示。

图 2.48　立即入驻

（4）查看资料和资质，官方提供了入驻流程介绍，如图 2.49 所示。

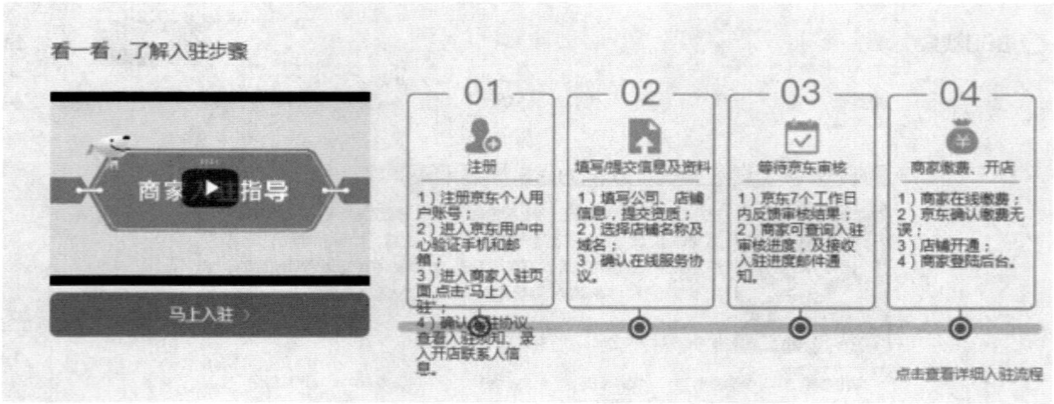

看一看，了解入驻步骤
商家入驻指导
马上入驻
01
注册
1）注册京东个人用户账号；
2）进入京东用户中心验证手机和邮箱；
3）进入商家入驻页面，点击"马上入驻"；
4）确认入驻协议，查看入驻须知，录入开店联系人信息。
02
填写/提交信息及资料
1）填写公司、店铺信息，提交资质；
2）选择店铺名称及域名；
3）确认在线服务协议。
03
等待京东审核
1）京东7个工作日内反馈审核结果；
2）商家可查询入驻审核进度，及接收入驻进度邮件通知。
04
商家缴费、开店
1）商家在线缴费；
2）京东确认缴费无误；
3）店铺开通；
4）商家登陆后台。
点击查看详细入驻流程

图 2.49　入驻流程

（5）符合资质的准备入驻材料，如图 2.50 所示。

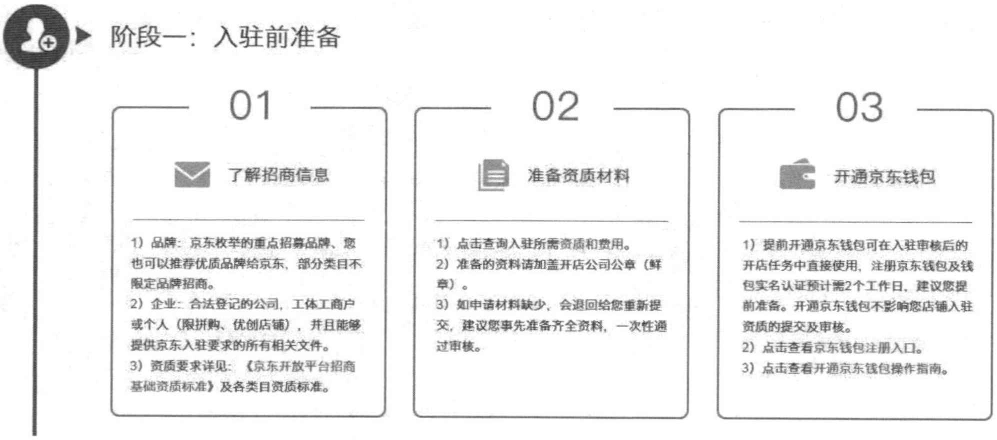

阶段一：入驻前准备
01
了解招商信息
1）品牌：京东枚举的重点招募品牌，您也可以推荐优质品牌给京东，部分类目不限定品牌招商。
2）企业：合法登记的公司，工体工商户或个人（限拼购、优创店铺），并且能够提供京东入驻要求的所有相关文件。
3）资质要求详见：《京东开放平台招商基础资质标准》及各类目资质标准。
02
准备资质材料
1）点击查询入驻所需资质和费用。
2）准备的资料请加盖开店公司公章（鲜章）。
3）如申请材料缺少，会退回给您重新提交，建议您事先准备齐全资料，一次性通过审核。
03
开通京东钱包
1）提前开通京东钱包可在入驻审核后的开店任务中直接使用，注册京东钱包及钱包实名认证预计需2个工作日，建议您提前准备。开通京东钱包不影响您店铺入驻资质的提交及审核。
2）点击查看京东钱包注册入口。
3）点击查看开通京东钱包操作指南。

图 2.50　入驻材料

（6）注册账号在线提交资料，如图 2.51 所示。

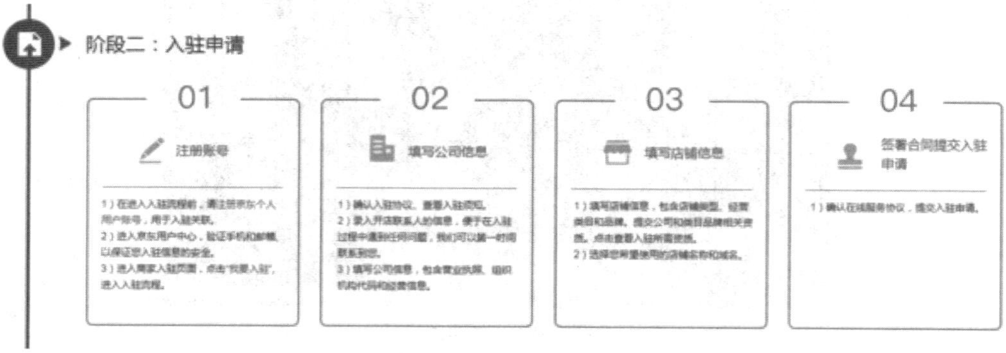

阶段二：入驻申请
01
注册账号
02
填写公司信息
03
填写店铺信息
04
签署合同提交入驻申请

图 2.51　提交材料

（7）京东审核之后会有 BD（商务拓展）联系运营者修改或者完善资料，如图 2.52 所示。

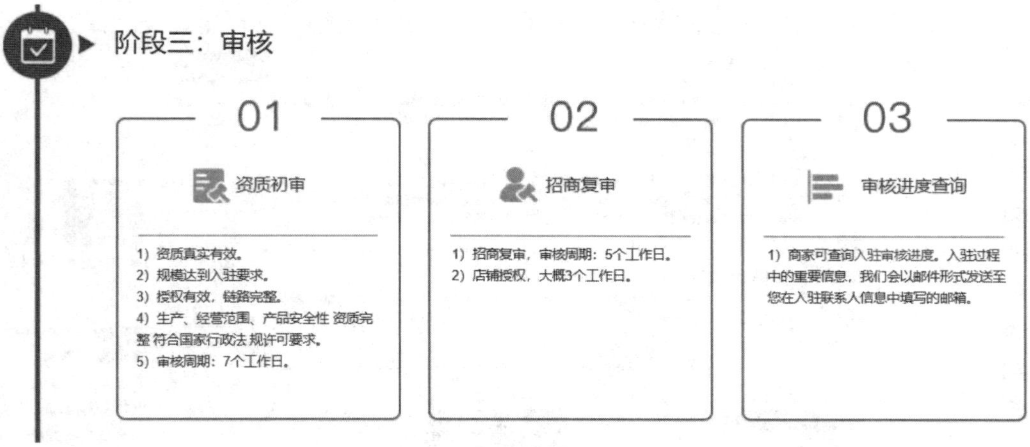
阶段三：审核
01
资质初审
1）资质真实有效。
2）规模达到入驻要求。
3）授权有效，链路完整。
4）生产、经营范围、产品安全性 资质完整 符合国家行政法 规许可要求。
5）审核周期：7个工作日。
02
招商复审
1）招商复审，审核周期：5个工作日。
2）店铺授权，大概3个工作日。
03
审核进度查询
1）商家可查询入驻审核进度。入驻过程中的重要信息，我们会以邮件形式发送至您在入驻联系人信息中填写的邮箱。

图 2.52　完善资料

（8）审核之后即可开店，如图 2.53 所示。

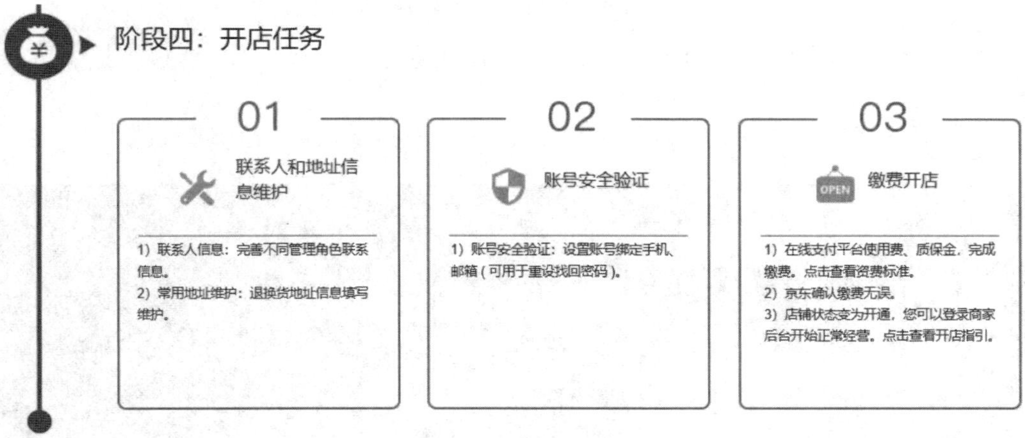
阶段四：开店任务
01
联系人和地址信息维护
1）联系人信息：完善不同管理角色联系信息。
2）常用地址维护：退换货地址信息填写维护。
02
账号安全验证
1）账号安全验证：设置账号绑定手机、邮箱（可用于重设找回密码）。
03
OPEN
缴费开店
1）在线支付平台使用费、质保金，完成缴费。点击查看资费标准。
2）京东确认缴费无误。
3）店铺状态变为开通，您可以登录商家后台开始正常经营。点击查看开店指引。

图 2.53　审核通过后开店

技能点五　拼多多店铺开店步骤

拼多多店铺开店步骤如下。

（1）打开 360 浏览器，搜索“拼多多”，点击拼多多官网链接，如图 2.54 所示，打开拼多多首页。

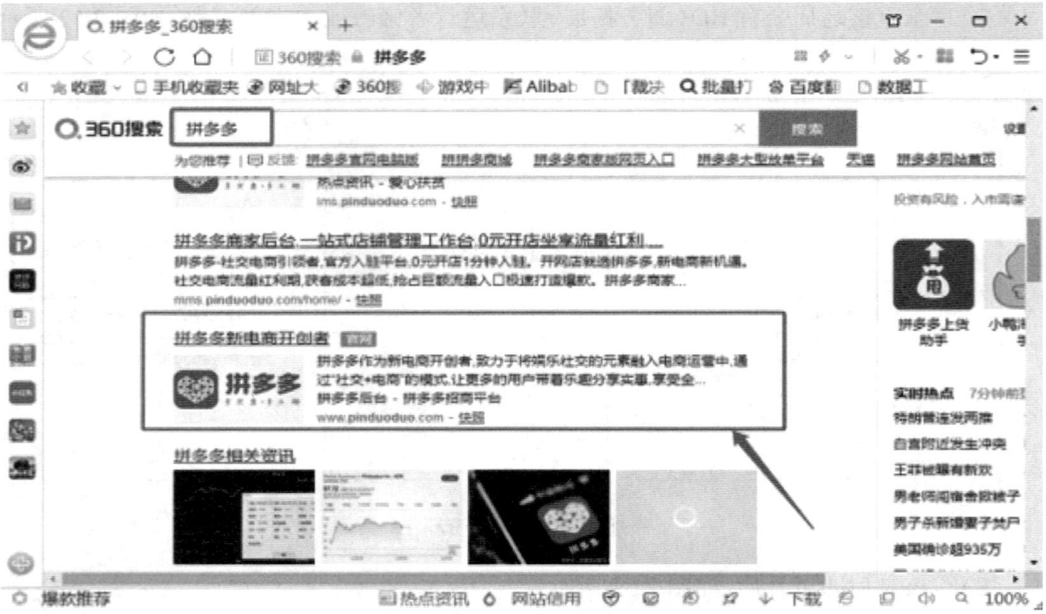

图 2.54 找到拼多多官网连接

(2)点击拼多多首页上方的“商家入驻”,如图 2.55 所示。

图 2.55 商家入驻

(3)输入相关信息,点击“0 元入驻”,如图 2.56 所示。

图 2.56　0 元入驻

（4）选择“个人店”点击“下一步”，如图 2.57 所示所示。

图 2.57　个人开店

（5）填写个人真实信息并进行提交，如图 2.58 所示。

图 2.58 填写个人信息

(6)填写店主信息,如图 2.59 所示,并进行提交。

图 2.59 店铺信息

(7)店主实名制认证通过即可,如图 2.60 所示。

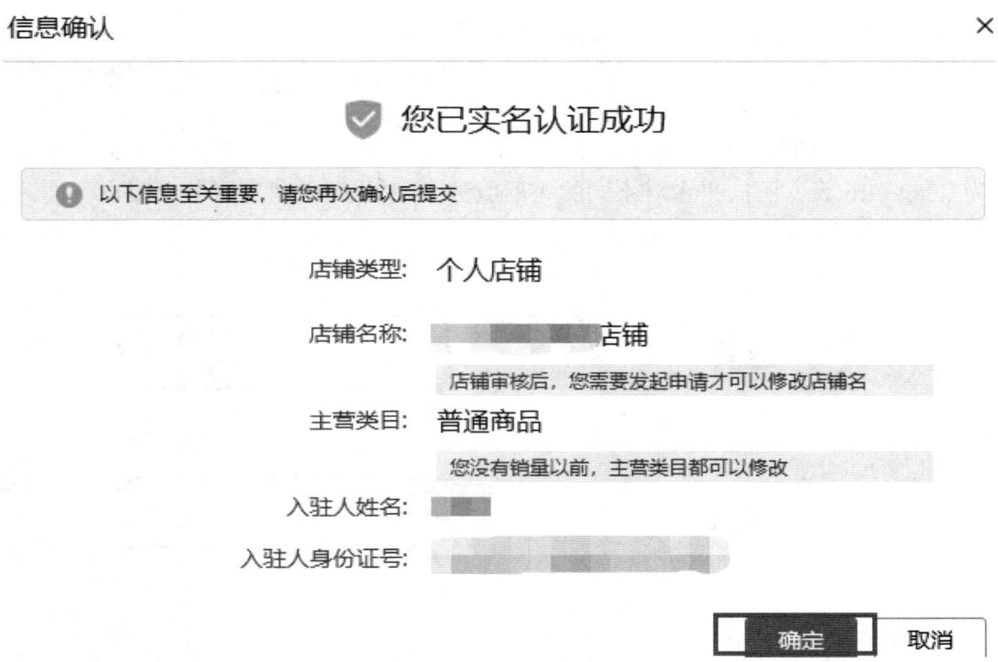

图 2.60　实名制认证

技能点六　售后跟踪服务

一、售后类型

如今在各大电商平台、外卖平台消费已经成了人们日常消费的主要方式之一，消费者在享受购物便利的同时，有时也会因售后服务而体验不愉快的经历。

无论产品还是服务，销售出去后如果置之不管，必然会造成用户的流失。因此如果想要在竞争激烈的行业中有立足之地，那么维护好用户，培养用户忠诚度，增加用户黏度是必不可少的。

售后流程设计比较烦琐，涉及的环节很多。常见的售后类型包括退款、退货、换货、补发、维修，等等，如图 2.61 所示。

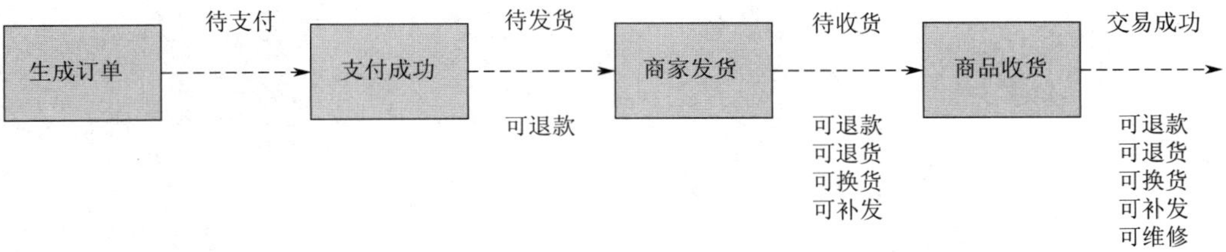

图 2.61　不同销售环节的售后类型

在订单为待发货状态时，用户只能申请退款售后服务。

在订单为待收货和交易成功状态时，用户能申请退款、退货、换货、补发、维修等类型的售后服务。

用户要在规定的时间内申请售后服务，否则售后服务入口将会关闭。常见的售后服务期限为 7 天或 15 天。不同平台对不同的售后服务类型，设置的售后服务期限也不同。京东商品售后服务期限如图 2.62 所示。

图 2.62 京东商品售后服务期限

在整个购物过程中，用户可能会遇到各种不可预料的情况，如物流过慢、偏远地区无法送达、运输过程中商品发生损坏等。许多因素是无法控制的，而产品经理能做到的是设计一套高效的订单售后服务系统，来提高售后服务质量。

各种售后类型如下。

1. 退款

当卖家未发货时，买家可申请退款，如图 2.63 所示。

图 2.63　淘宝平台退款界面

当卖家已发货，买家未收到货时，消费者可申请仅退款售后服务，如图 2.64 所示。

图 2.64　淘宝平台已发货未收货状态下仅退款界面

2. 退货

当买家收到货时，可以申请退货退款。淘宝平台退货退款界面如图 2.65 所示。

图 2.65 淘宝平台退货退款界面

京东平台退货退款界面如图 2.66 所示。

图 2.66　京东平台退货退款界面

3. 换货

当收到的商品存在问题时，买家可以申请换货。京东平台换货界面如图 2.67 所示。

图 2.67 京东平台换货界面

买家在换货时能否要求更换同等价格的不同商品呢？京东平台规定：目前针对换货，只能换同一种商品，无法更换其他商品或其他型号。假如买家需更换商品颜色该怎么办呢？若服饰鞋帽类商品符合换货条件，当商品页面有颜色和尺码可供选择且价格一致时买家可申请更换商品颜色（随机发货商品除外）和尺码，最终结果以售后审核意见为准；其他类商品暂不支持更换颜色。

买家在换货时可以要求更换同品牌不同型号的商品吗？京东平台规定：目前针对换货，只支持换同个商品编号的同款商品，暂不支持更换其他商品。

淘宝店铺一般不支持换货申请，通常是让用户申请退货退款，然后再重新拍商品。淘宝平台申请换货页面如图 2.68 所示。

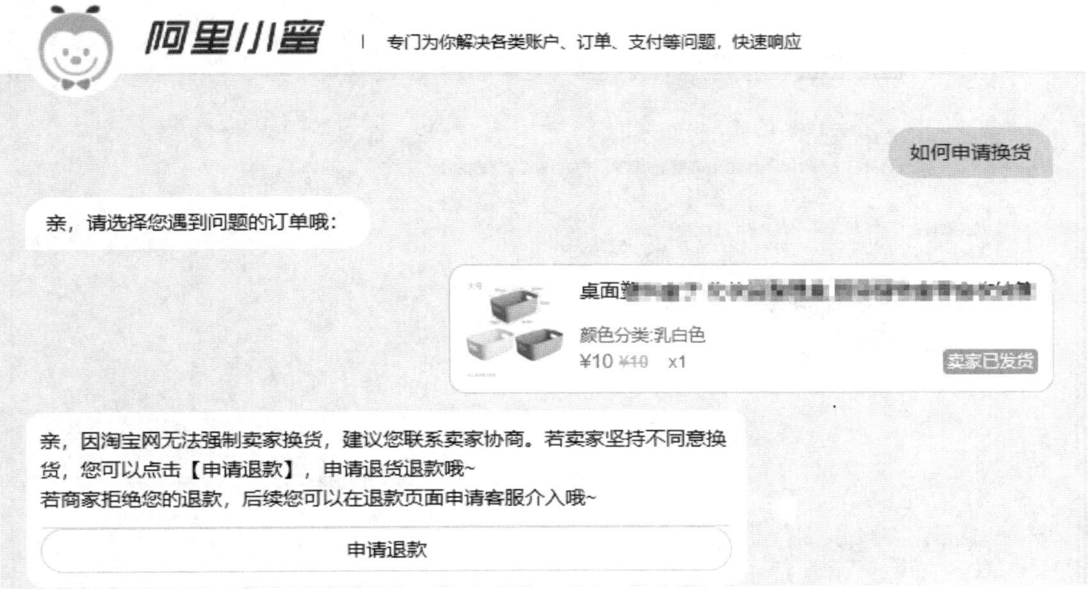
阿里小蜜
专门为你解决各类账户、订单、支付等问题，快速响应
如何申请换货
亲，请选择您遇到问题的订单哦：
颜色分类:乳白色
¥10 ¥10 x1
卖家已发货
亲，因淘宝网无法强制卖家换货，建议您联系卖家协商。若卖家坚持不同意换货，您可以点击【申请退款】，申请退货退款哦~
若商家拒绝您的退款，后续您可以在退款页面申请客服介入哦~
申请退款

图 2.68　淘宝平台申请换货页面

4. 维修

当商品在质保期内出现了非人为因素的性能损坏时，维修是免费的。当商品在质保期内因人为因素发生损坏需要维修或超出质保期商品需维修时，卖家会收取相应费用，具体以售后审核为准。不同平台具有不同的维修政策。京东平台维修申请界面如图 2.69 所示。小米商城维修申请界面如图 2.70 所示。

5. 价格保护

价格保护是指当商品降价时，买家可以申请补偿差价。价格保护时间可以是 7 天、15 天、30 天，生鲜一般是 48 小时，具体根据实际业务而定。

享受价格保护的商品被购买后，如在售同一商品出现降价现象，用户可以提交价格保护申请，平台将依据相关规定补偿用户与差额部分等值的款项。

同一商品指商品编号、商品品牌、商品规格、商品型号、商品颜色、商品包装、商品销售方式（包含但不限于最小购买单元、单次购买数量、是否有赠品）等商品属性参数完全一致，任何一项商品属性参数发生变化的，均不属于同一商品，不支持价格保护。京东平台价格保护申请页面如图 2.71 所示。

二、不支持售后的商品

商品大体可分为实物商品和虚拟商品，虚拟商品中又包括数字商品和非数字商品。实物商品指的是指天猫商城内，正在出售的真实货物，如鞋包服饰、电子产品、零食饮料等。这些实物商品，都是用手摸得着的真实东西。

图 2.69　京东平台维修申请界面

图 2.70　小米商城维修申请界面

图 2.71　京东平台价格保护申请界面

虚拟商品是指电子商务市场中的数字产品和服务（专指可以通过下载或在线等形式使

用的数字产品和服务），具有无实物性质，是在网上发布时默认无法选择物流运输的商品。

淘宝平台就有好多有趣的虚拟产品，如教程类视频、孤寡青蛙等，如图 2.72 所示。

图 2.72　虚拟产品

虚拟商品订单无须物流发货，由于商品的特殊性，通常是没有售后服务的，买家遇到特殊情况可直接联系商家。

除了虚拟商品，还有一些特殊品类的商品，根据实际情况也不支持售后。

三、售后常见的数据指标

1. 退款率

近 30 天，退款成功笔数占支付子订单数的比例即退款率。退款包括售中和售后的仅退款和退货退款。

2. 仅退款率

近 30 天，仅退款成功笔数占支付子订单数的比例即仅退款率。

3. 退款纠纷率

近 30 天，判断为卖家责任的纠纷退款笔数占支付子订单数的比例是退款纠纷率。一笔成交可能会产生多笔退款，每笔退款最后产生一次责任纠纷。退款包括售中和售后的仅退款和退货退款。

4. 首次品质退款率

近 30 天，发起退款的订单为首次品质退款订单的订单笔数占近 30 天成交订单笔数的比例即首次品质退款率。

品质退款是指买家因商品质量问题发起的退款，即买家在发起退款时选择与商品质量相关的退款原因（如材质不符、做工瑕疵以及其他质量问题等）；买家因个人原因如效果不好、不喜欢、不合适等理由申请的退款，不计入品质退款。

首次品质退款订单为一笔订单首次发起退款时选择品质相关退款原因的订单。如首次发起退款为品质相关原因，后续修改退款原因，这样的订单仍记为首次品质退款订单。

5. 品质退款率

近 30 天，品质相关退款原因的退款笔数占支付子订单数的比例即品质退款率。退款包括售中和售后的仅退款和退货退款。

6. 退货退款自主完结平均时长

近 30 天，(售中 + 售后)退货退款申请到退款完结总时长 /(售中 + 售后)退货退款完结总笔数即退货退款自主完结平均时长。平台客服实际介入处理的退款不统计在内。单位为天。

7. 成功退货退款金额

统计时间内，买家成功退货退款的金额。

售后数据指标对于商家来说非常重要，直接影响店铺权重、商品权重和活动报名等。

四、其他与售后相关内容

(1)某商品退款成功，退的是商品的实付金额，可查看电商系统相关约定内容。

(2)存在积分、金币等虚拟财产抵扣的，可按当时分摊规则退回指定数量。

(3)优惠券通常是不退回的，如用户强烈要求可补发优惠券，可查看电商系统相关约定内容。

(4)运费在默认发货后是不退的，如用户强烈要求可补发运费，可查看电商系统相关约定内容。

任务实施

本次任务主要通过技能点的学习，掌握一类电商的基础知识，熟悉其注册流程，现在就开启小红书(图 2.73 所示)之旅吧！

图 2.73　小红书

小红书是于 2013 年 6 月推出的一款生活方式分享平台，创始人为毛文超和瞿芳。

小红书社区包含美妆、个护、运动、旅游、家居、酒店、餐馆的信息分享，涉及消费经验和生活方式的众多方面，曾位列“苏州高新区·2020 胡润全球独角兽榜”第 58 位。

2013 年上线初，年轻人在小红书社区里分享出国旅行、购物消费体验等，内容以美妆、个护为主。如今除了美妆、个护，小红书上还出现了关于运动、旅游、家居、旅行、酒店、餐馆的信息分享，涉及消费经验和生活方式的众多方面。社区已经成为小红书的壁垒。

2014 年 10 月，小红书福利社上线，旨在解决海外购物的另一个难题：买不到。小红书通过已累积的海外购物数据，分析最受欢迎的商品及全球购物趋势，并在此基础上把全世界的好东西以最短的路径、最简洁的方式提供给用户。小红书商城的独特性体现在以下方面。

（1）口碑营销。没有任何方法比真实用户口碑更能提高商品转化率，就如用户在淘宝上买东西前一定会看用户评论。小红书有一个真实用户口碑分享的社区，整个社区就是一个巨大的用户口碑库。

（2）结构化数据下的选品。小红书的社区中积累了大量的消费类口碑。几千万用户在这个平台上发现、分享全世界的好东西。此外，用户的浏览、点赞和收藏等行为，会产生大量底层数据。通过这些数据，小红书可以精准地分析出用户的需求，保证采购的商品是深受用户喜爱的。

2016 年初，小红书将人工运营内容改成了机器分发的形式。通过大数据和人工智能，小红书将社区中的内容精准匹配给对它感兴趣的用户，从而提升用户体验。小红书板块如图 2.74 所示。

图 2.74 小红书板块

小红书在启动电商模式的 5 个月时间里，销售额已达到 2 亿多元。截至 2021 年 11 月，小红书目前市场估值为 100 亿美元，小红书之所以能有所成就，最关键一点是紧紧抓住对用户在消费决策上的引导性。（图 2.75）

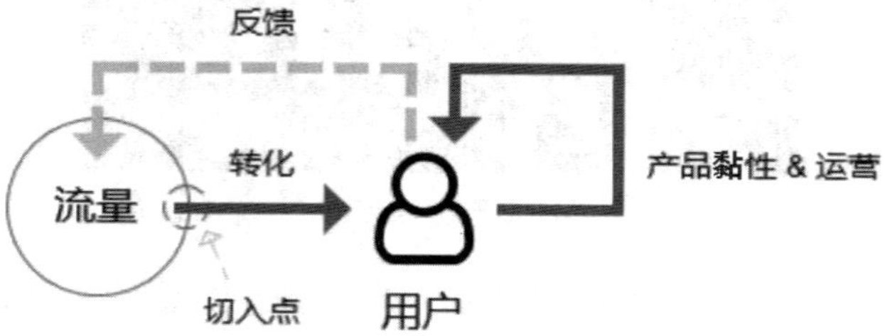

图 2.75 用户引导性

一、案例分析

（1）优秀的用户运营。之所以优秀，是因为它抓住了三个关键点：切入点、用户体验和增长模型。

（2）精准的流量切入点。在生活当中，谁都曾经有过寻求解决办法的时候。互联网时代的人们习惯“百度一下”，而在移动互联网时代就稍显过时了。小红书抓住这个机会，操起刀来开始分移动互联网的流量蛋糕了。小红书的成功有一个非常重要的因素，即平台的定位是“生活”，这是一个精准的切入点。它找到了移动搜索的入口，并进一步发展为一个生活类搜索全路径的服务平台。供需关系如图 2.76 所示。

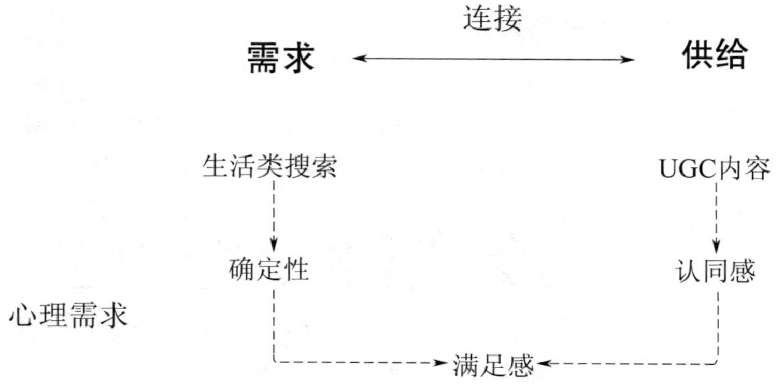

图 2.76 供需关系

（3）内容的产生。小红书的内容来自于 UGC（User Generated Content，用产生成内容即用户原创内容）。互联网世界让用户淡化了真实身份，每个人都有机会重塑自己。用户通过生产内容并进行社交来寻找认同感，这也是小红书打造的氛围。有些人会晒图等着别人发“羡慕羡慕”，这是典型的炫耀心理，而炫耀的内核就是寻找观众来认同自己的行为，即寻求认同感。确定性与认同感带来的满足，共同影响了用户的学习、模仿、生产、分享等一系列行为。通过“内容供需 + 用户心理需求”打造一个马力十足的内容生产引擎，这是小红书获取流量的第一个成功因素，是精准的流量切入点。

（4）优秀的产品用户体验。获取流量是第一步，产生高用户黏性则是密不可分的第二步。黏性来源于用户体验，体验由产品基础体验、内容展示策略和社交氛围三方面叠加而成。

二、小红书商家入驻的步骤

小红书商家入驻的步骤具体如下。

（1）第三方商家要想申请入驻小红书，首先要打开小红书官网首页，点击页面上方的“招商合作”，在弹出的对话框中选择“第三方商家入驻”的选项，如图 2.77 所示。

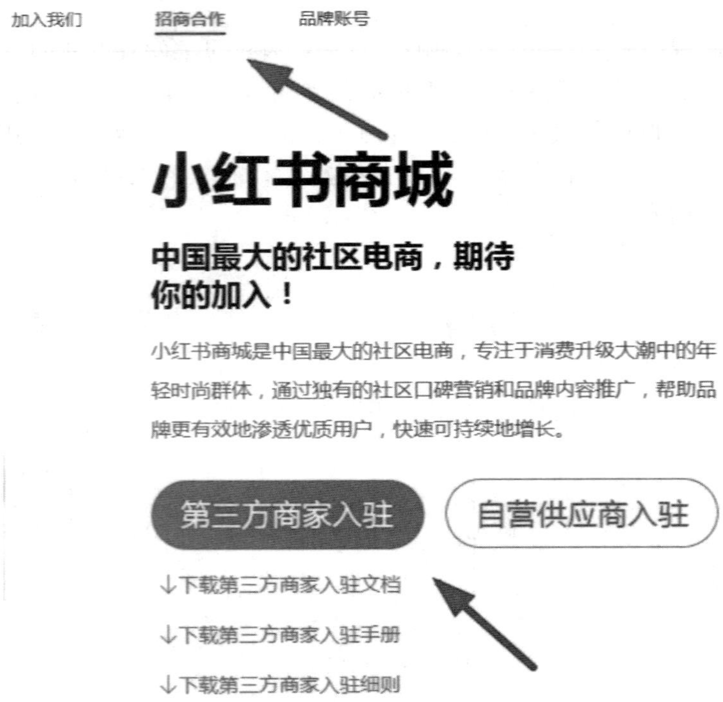

图 2.77　小红书商家入驻

（2）注册商家账号，上传入驻所需的各种资料，等待官方审核，如图 2.78 所示。

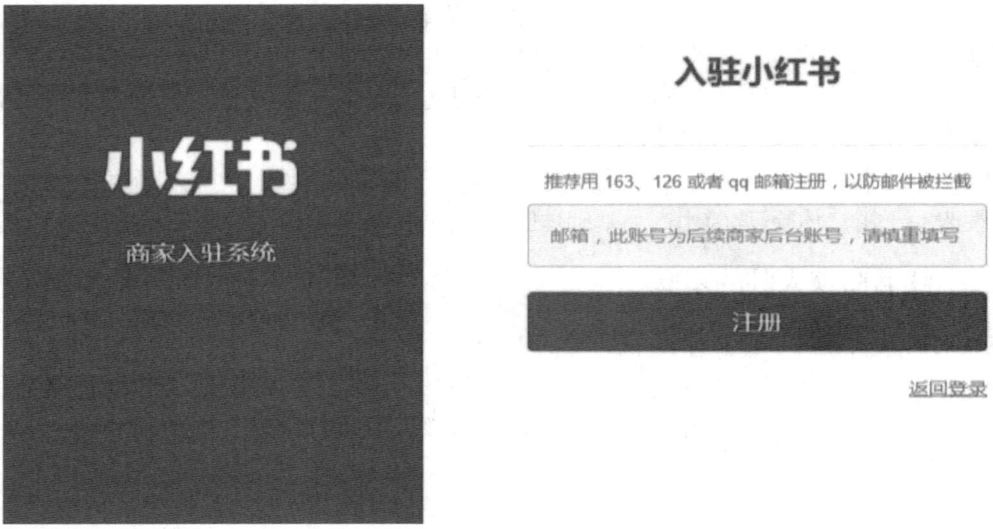

图 2.78　小红书注册界面

（3）通过资质审核后，用户就拥有在小红书平台开店的权限了，而小红书官方会向用户收取销售佣金和平台保证金等费用。

任务总结

通过对本项目的学习了解了一类电商的概念，熟悉了淘宝、京东、拼多多等平台的开店流程，熟悉小红书的运营机制，为以后打好基础。

英语角

Buy Online	网上购物
Platform	平台
Consumer Online	网络消费者
Regional	地域
Retailer	零售商
Internet Economy	互联网经济
Manufacture	制造商，制造企业
Supply	供应
Business Environment	商业环境
Limit of Authority	权限

任务习题

一、选择题

1. 淘宝属于以下哪种电商类型（　　）。

A. B2B　　B. B2C　　C. C2C　　D. C2B

2. 在一类电商运营中，主图是商品最重要的展示窗口，与主图直接关联的是（　　）。

A. 浏览数　　B. 点击率　　C. 访问数　　D. 转化率

二、简答题

1. 淘宝店铺站外引流的渠道有哪些？

2. 淘宝、京东、拼多多平台的运营机制分别有哪些特点？

3. 什么是 M2C 模式？

项目三　二类电商

课程思政

学习目标

通过对二类电商的初步了解，认识什么是二类电商，理解二类电商的基本概念，熟悉二类电商的独特性，具备运用二类电商进行运营的能力。

在任务实践中实现：

1. 了解二类电商的基本概念；
2. 熟悉二类电商的运营机制；
3. 掌握二类电商的运营模式；
4. 具备分析二类电商的判断能力。

学习路径

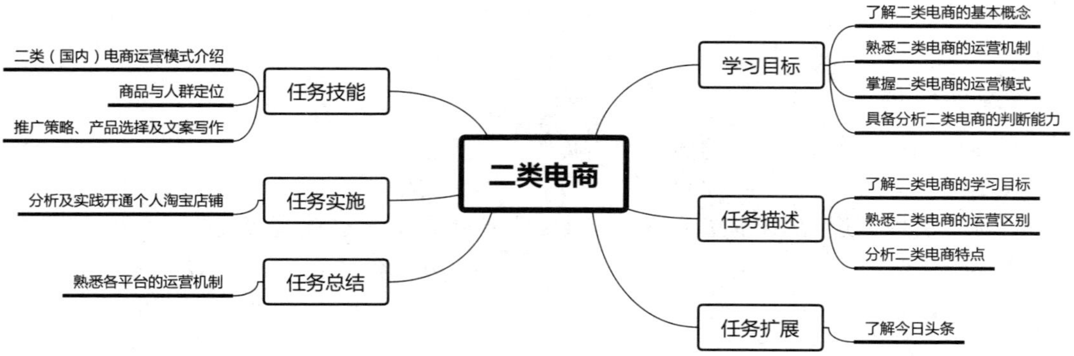

任务描述

【情景导入】

通过学习一类电商和二类电商的运营模式，了解了二类电商是利用传统的运营方式，以货到付款或者包邮的形式，简单粗暴地完成交易流程。二类电商的运营模式使之无法精准-定位用户，退货退款现象时有发生，更重要的是导致用户体验差，无法提高用户黏性。想一想应该如何解决这类问题呢？

【内容介绍】

随着移动互联网技术的快速发展，商务活动电子化的条件逐渐成熟，电子商务蓬勃发展。本项目主要介绍二类电商的起源、发展和演变，二类电商的类型和运营模式，以及通过二类电商的入口具备对二类电商平台运营能力。

【课程思政】

从“二类电子商务模式”和“网络营销模式”入手，培养学生求真务实和团队合作的精神。引导学生在理解中国电子商务模式创新的过程中培育其创新精神，弘扬以爱国主义精神为核心的民族精神。

【效果展示】

通过学习二类电商精准定位目标，根据每个平台的基础属性、流量情况，以及平台的用户属性定位目标人群，并推广产品。换言之在广告发布前就应该清楚地圈定目标用户，清楚产品适合哪些人群。

任务技能

技能点一　二类（国内）电商运营模式介绍

二类电商的经营模式主要分为三大类：代运营、生产商直销、电商。

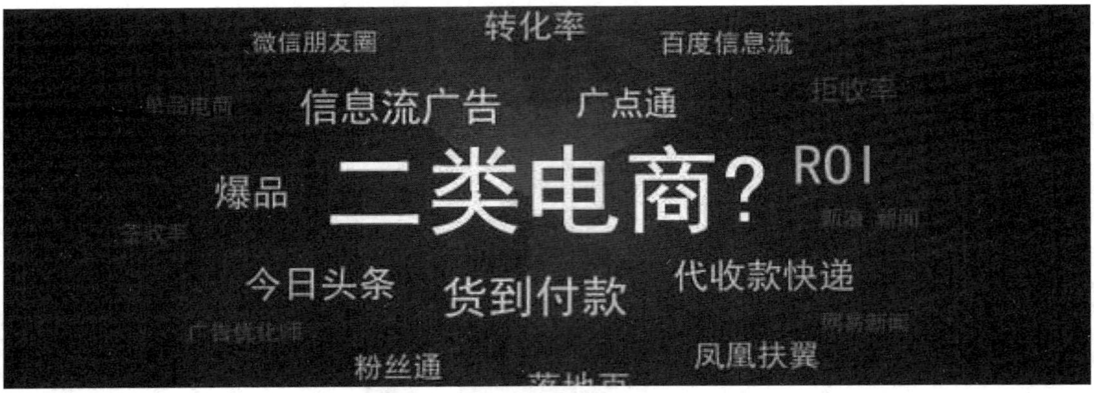

图 3.1　二类电商

1. 代运营

代运营模式是服务商帮助生产商运营二类电商，收取服务费。服务费一般按照投放额的比例收取，10% 到 20% 不等。二类电商服务商，需要帮助生产商解决从创意、投放到售后各个环节的问题。生产商主要解决物流方面的问题，能够做到跟单同步发货。

2. 生产商直销

这种模式是生产商直接组建二类电商团队，二类电商从广告平台上获得订单，订单量一般都非常高，收到订单之后商家再发货，买家收货签字后整个销售过程就完成了。二类电商前期在各平台上投放广告，当流量达到高峰时，订单就会越来越多，这样二类电商的单品销售额每天都很高。

图 3.2　二类电商模式

3. 电商

电商模式的关键是选品，不依赖特定的生产商，可根据各个平台榜单数据，快速寻找供应链进行选品，自己确定价格、解决售后问题。这种模式的重点是对供应链的把握，保证具备足够的供应能力，当商品销售爆量后应避免供货不足，否则会直接影响商品转化率，从而造成亏损。

随着二类电商的进化和发展，不管哪种模式，都需要精细化运营，提升各个环节的效率。精细化运营需要建立一套数据驱动的数字化运营系统，同时需要相应的运营人才配合。

技能点二　商品与人群定位

一、商品定位

在选择商品之前，首先要确定目标人群。在选择男性、女性或某个年龄组后，可根据目标人群的实际情况，确定商品类别和爆款热销商品。

1. 确定类别

如今，商品种类繁多，在书籍、服装和家居类别中有不同用途的细分商品。在选择商品时，应通过对目标人群的实际需求进行分析和数据比较，逐步缩小商品类别范围，最后对同类商品进行比较，选择具有热销潜力的产品进行推广。

2. 借助专业的电子商务智能工具 EDX，避开“雷区”

在选择过程中，不能仅依靠自己的判断和推测，需要借助真实数据进行分析和比较。DataEye EDX 是一种电子商务智能工具，可以提供最全面的电子商务数据。DataEye EDX 拥有大量数据源和独特的 AI 智能算法。它可提供销售指数、发布指数、商品指数等 14 个详细字段和畅销书排行榜、飙升排行榜、竞争排行榜等独家排行榜，并可以对数十万种商品智能资源进行快速定位分析。

3. 通过 DataEye EDX 进行查询和比较

在 DataEye EDX 界面中，通过销售列表可以清楚地查看最近销售的热门产品类别以及同一类别中销售较多的产品类型和销售渠道，便于准确、科学地选择产品，更好地满足目标人群的需求。

二、人群定位

中年男性消费群体在二类电商中具有较强的购买力，其消费价值呈上升趋势。男鞋、男包、男表等商品以成本价几十倍的高价销售，且签约率高达 90%，这无疑使中年男性消费群体成为二类电商行业的“甜饼”。中年男性消费群体的特点主要包括有一定的经济基础、注重保健、关注“潮牌”等。他们更注重质量，愿意为高质量的商品支付高价。他们购买的商品主要是衣服、茶和酒。对于实用商品，中年男性的消费观念更倾向于“大容量”“多功能”等关键词。对于装饰性商品，“好魅力”和“成功选择”也受到青睐。从市场表现来看，男性商品的签约率高于女性商品。

当我们关注中年男性消费群体时，不要忽视女性消费群体。她们追逐潮流，乐于购买高端产品，以提高生活质量，具有强大的购买力。然而，这并不意味着女性消费群体容易被愚弄。相反，她们在支出方面更加谨慎，更加注重成本效益。女性购买路径已逐渐从单一的一类电商应用模式转变为二类电商应用模式。女性消费群体为自己和家人购买各种商品，解决吃饭、喝酒、穿衣和娱乐等问题。在购买其他大型消费品时，女性并不逊色。据最新数据显示，各渠道热销榜前十名商品中，女性商品居多，其中第一名为保暖套装。目前，前十大销售类别大多为日用品，女性消费者在该领域中占很大比例，彰显了女性在二类电商中的消费实力。

三、市场定位

二类电商的主要市场是三线以下城市的中老年群体，目前也覆盖了一、二线城市的中老年群体。二类电商的定位环节尤为重要。准确的定位决定了后续的运营策略和赢利模式。二类电商经过多年沉淀，积累了大量用户。这些用户被组织在一起，称为“数据包”。早期阶段，在测试新产品时，运营部门会放置这些群组数据包，以低成本测试产品。对于商家来说，它节省了大量的广告费用，具有较高的制作率和较大的利润空间。运营优化在广告投放时设置了一些方向性条件，标题新颖诱人。在发布时，需要制作至少 3 个创意标题来吸引人们的注意力。二类电商有必要提前了解产品的人群特征和平台活动时间段的特征。虽然三、四线城市拥有庞大的人口基数，但许多人忽视了他们的消费能力，这给了二类电商带来了一个上升的机会。小城市消费者“享受利益”，追求终极性价比，同时习惯了简单的沟通方式，二类电商正好满足了他们的这些特点和要求。

技能点三　推广策略、产品选择及文案写作

一、推广策略

二类电商的广告渠道主要是信息流广告平台，如今日头条、腾讯社交广告（区块广点通、朋友圈广告）、百度信息流等主流平台（图 3.3）这三大平台具有流量大、数据分析能力强、广告背景完善等优势。

图 3.3　推广渠道

广告推广行之有效。首先，创意是信息流的灵魂，是吸引网民最直接、最有效的方式。因而，编写有创意的标题显得格外重要。信息流是千人千面的，方案可以有千万种，但是万变不离其宗，必须围绕商品和服务展开。其次，精美、有创意的落地页是吸引眼球的窗口，让消费者不由自主地停留，产生进一步了解并购买商品的欲望。

二、产品选择

二类电商经常销售短期爆款商品。主要方法是在短时间内测试一款爆款商品，经过周密的数据分析，制定一套科学有效的营销策划方案，然后大量投放，以快速产生回报。因此，二类电商选品尤为重要。一般来说，二类电商以销售应季商品为主，如春秋两季的皮夹克和秋服；夏季的电风扇、驱蚊剂、T 恤、衬衫等；冬季的毛衣、夹克、保暖背心、取暖器等。除了季节性商品外，还有许多非季节性的新、奇、特商品可以全年销售，如阅读眼镜、USB 闪存驱动器、葡萄酒、茶叶、智能手镯等。

三、文案写作

写文案的目的不是向用户诉求，也不是过多强调产品特点，更不是吸人眼球，唤醒情绪。文案的最终目的有两个：一是改变用户态度（对产品从不知道到知道，从无感到有好感）；二是促使用户下单（即产生商品转化率，用户看了文案之后做出购买商品的决定）。方案写作是影响用户态度及促使用户下单的关键。

影响用户态度型文案对用户的影响如图 3.4 所示。

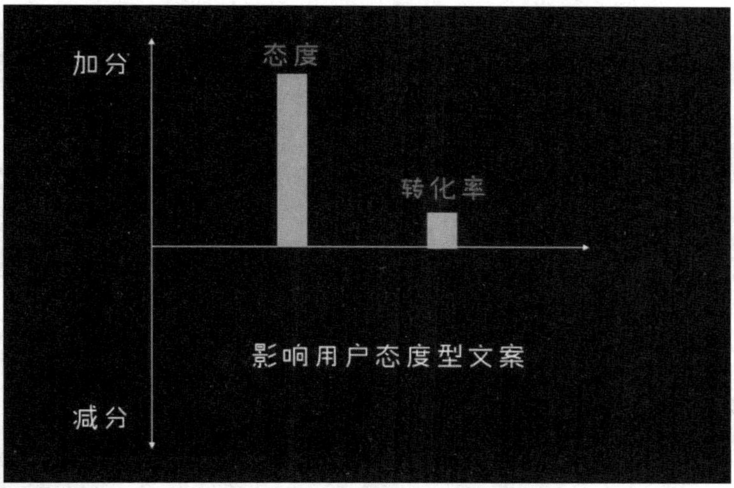

图 3.4　影响用户态度型文案

促进用户行动型文案对用户的影响如图 3.5 所示。

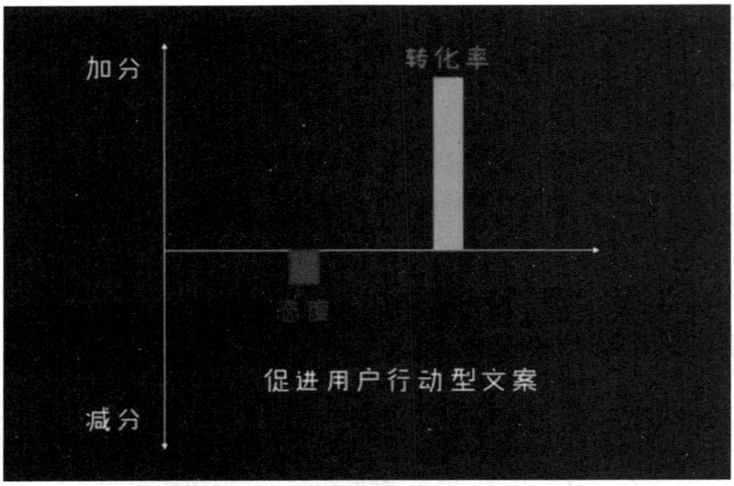

图 3.5 促进用户行动型文案

经典案例展示与思考。

案例一："困了累了喝红牛"，如图 3.6 所示。

图 3.6 红牛

案例二："怕上火喝王老吉"，如图 3.7 所示。

图 3.7　王老吉

案例三:“农夫山泉有点甜”,如图 3.8 所示。

图 3.8　农夫山泉

通过以上经典案例,你想到了什么?

四、物流选择

物流对二类电商非常重要。物流选择不合理将导致较低的签收率，直接影响二类电商的运营。二类电商的物流主要分为两类：一是德邦和京东主导的优质物流公司，成本虽高，但服务到位且速度快；二是“三供一送”的物流公司，成本低、速度慢。物流公司如图 3.9 所示。

德邦快递 DEPPON EXPRESS JDL 京东物流 有速度 更有温度

图 3.9 物流公司

任务实施

本次任务主要是通过技能点的学习，掌握二类电商的基础知识，熟悉二类电商推广运营的工作流程，具备二类电商运营数据分析的能力。

二类电商最成功的案例是足力健，如表 3.1 所示。

表 3.1 定位老年用品之足力健分析及实践

工作流程	任务分析
前期市场调研测算	①市场定位：首先要确定人群画像和老年群体的需求痛点，针对该类市场上产品匮乏的情况有针对性地进行数据统计以及对目标产品进行定位； ②产品选择：针对老年人生理情况定制的一款保健型运动鞋； ③渠道投放：选择特定人群较容易接触到的媒介和与内容基调相匹配的渠道投放内容； ④商品数据：尝试在多个平台投放同一款产品，产品发布之后，监测各平台的数据
制定完整运营方案	对前期数据进行复盘，制订完善的推广计划，着重通过以下 4 种数据进行量化参考： ①人群定位、年龄、性别； ②反馈数据较活跃的地区； ③产品定价策略； ④售货回访调查； 每一个运营动作，都要以阶段为单位，对每阶段反馈的数据进行分析，制订下一阶段的运营计划。以此循环往复不断优化方案，最终实现以较低的投入获取较高的回报率

任务总结

通过对以上内容的学习，我们了解了二类电商的运营模式，二类电商的商品定位和人群定位、推广策略、产品选择和文案写作，并对足力健品牌案例进行了分析，了解了二类电商的基本操作流程，并能够进行实际的操作。

英语角

Payment	付款
Sell	销售
Advertisement	广告
Crowd	人群
Information	信息
Consume	消费
Customer	客户
Logistics	物流
Produce	产品
Platform	平台

任务习题

一、名词解释

信息流广告　货到付款　平价策略　落地页

二、选择题

1. 二类电商是指(　　)。

A. 天猫商城　　B. 淘宝店铺

C. 京东平台　　D. 单品页面货到付款的形式

2. 从哪些角度给二类电商客户作数据分析？(　　)

A. ROI B. 同行产品

C. 点击成本 D. 陌陌用户男女性别比

E. 返点

3. 二类电商运营中重要的因素包括（ ）。

A. 流量引进 B. 落地页转化 C. 两者全部包含

4.（ ）是信息流的灵魂。

A. 创意 B. 产品 C. 文案 D. 人群定位

5. 电商模式的关键是（ ）。

A. 文案 B. 选品 C. 主图 D. 投放渠道

三、解答题

1. 什么是二类电商？

2. 二类电商的优劣势有哪些？

项目四　垂直电商平台介绍

课程思政

学习目标

了解垂直电商的基本概念，掌握垂直电商的独特性，具备独立运营垂直电商的能力。

在任务实践中实现：

1. 了解垂直电商的基本概念；
2. 熟悉垂直电商带来的好处；
3. 掌握垂直电商的优势；
4. 具备应用垂直电商的能力。

学习路径

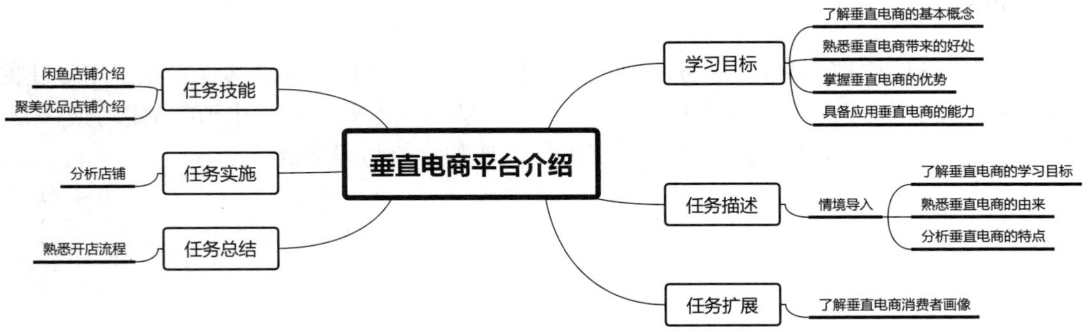

任务描述

随着移动互联网技术的快速发展,垂直电商产业发展迅速。本项目主要介绍垂直电商的起源、发展和演变,对垂直电商平台运营模式进行分析,最终使学生具备独立运营垂直电商的能力。

【情境导入】

垂直类 B2C 网站是专注于某些特定的领域或某种特定的需求,提供有关这个领域或需求的全部深度信息和相关服务的网站。作为互联网的亮点,垂直类 B2C 网站正引起越来越多人的关注。通俗地讲,可将垂直类 B2C 网站理解为分众网站、专业类网站,以区别于综合性大而全的网站,它不是聚众网站,而是针对有特定需求的人作行业细分的网站,例如“凡客”只专注服饰、鞋等衣着领域。

【内容介绍】

数据分析可以用到的工具有漏斗分析法等。建立用户生命周期模型,对用户进行分层,针对不同层级的用户采用不同的营销策略。

【课程思政】

培养学生树立营销专业意识、政治意识、法律意识、道德意识、人文意识,在具体实践中培养学生诚实守信、爱岗敬业的职业态度,树立正确的营销观和从业观。

【效果展示】

垂直电商的内容垂直化、服务集中化、访问经常化、用户精准化。其优势在于用专注的态度和专业的服务提供更加符合特定人群的消费产品,满足某一领域用户的特定习惯,因此更容易取得用户信任,从而加深对产品的印象,形成独特的品牌价值。

任务技能

技能点一　闲鱼店铺介绍

一、闲鱼店铺介绍

闲鱼（图 4.1）是阿里巴巴旗下的闲置品交易平台。会员无须注册，使用淘宝账号或支付宝账号即可登录，可实现一键转售、“淘宝买”、闲置卖等多种功能。闲鱼注重个人 IP 的打造，使个体卖家可以获得三大优势：更高的曝光率、更高效的流通渠道和更低的物流价格，让闲置的个人用品以最快的速度交到各地需要它的新主人手中。此外，闲鱼平台后端已无缝连接到淘宝信用支付系统，最大限度地保证交易安全。闲鱼是阿里巴巴旗下专属的闲置交易 APP 客户端，为阿里巴巴继淘宝、天猫之后打造的第三个亿万级平台。闲鱼，取义“闲余”。“闲”是闲置的时间，而“余”是闲置的物品和空间。闲鱼不仅是一个闲置品交易平台，更是一个基于新生活方式的社区。在这个社区里，人们可以分享物品，也可以分享自己的私人时间与技能，或兴趣爱好与经验，甚至是空间。闲鱼致力于让“闲余”变“闲鱼”，让“浪费”变“消费”。近年来，随着闲置品交易的普及，人们的消费方式也在发生着变化，从东西要买全新的到越来越多人选择买更具性价比的闲置品，闲鱼一跃成为国内最大的闲置交易社区。数据显示，闲鱼正以每年 30% 的速度增长。2020 年，闲鱼举办了品牌战略升级发布会，正式推出“无忧购”“会玩社区”“新线下”三大业务。经过近五年的发展，闲鱼用户数已经达到 3 亿人，GMV（商品交易总额）超千亿元。根据闲鱼的数据统计，平台上买卖东西的用户中，“95 后”占比达到了 35%。

闲鱼用户无须操作复杂的开店流程，即可一键转卖个人淘宝账号中“已买到宝贝”到闲鱼上。闲鱼也支持用户用手机拍照并上传闲置物品，以进行在线交易。全覆盖的闲置交易品类与场景：闲鱼上不仅有丰富的数码产品、家具家电等闲置物品供用户挑选，还有次元潮玩、美妆母婴、文玩珠宝、明星玩家的各类好物呈现。用户除了自行挑选合适的交易对象卖出闲置宝贝，还能通过闲鱼官方提供的“省心卖”功能，由闲鱼官方直接帮忙转卖，48 小时必卖出。值得信任的安全交易体系：闲鱼平台已全面接入芝麻信用支付体系，保障用户交易的权益。针对有纠纷的交易场景，闲鱼还开设了闲鱼小法庭，由闲鱼资深买家和卖家共同协助判定平台上出现的问题。2020 年，闲鱼上线“验货宝”交易服务，为用户间的闲置交易提供鉴定担保服务，交易过程的安全性有了更好的保障。

图 4.1　闲鱼

二、闲鱼店铺规则解读

违规商品类目包括仿制品、破解软件、未授权课程和图像、保健品、酒类（关键词）、发票和账单、门票（站台数量有限）。

违规禁词包括“高仿”“原单”“最佳”“top”“论文”“影视”“资源”“百度云”“兼职”“培训”“远程通信”“微信”“QQ”“课程”“招聘”“二维码”“电话”“链接”等。

在平台发布商品时应注意以下事项。

（1）在相同的 WiFi 下，不同的账号可以销售不同的产品。

（2）在相同的 WiFi 下，销售相同的产品会被限流。

（3）一机一独立 WiFi 最佳。

（4）严令禁止通过第三方插件软件发布商品。

三、闲鱼排名推荐机制

（1）闲鱼影响排名机制：点击率、标题吸引点击率、精准标题匹配、点击转化率、信用机制。信用分排名，如图 4.2 所示。

图 4.2　信用分排名

（2）店铺推荐算法，比如给你 100 流量，0.5% 点击率，10% 概率下的咨询量，咨询量后的交易率。

（3）垂直式发布商品的重要性：有效提升单品权重。

（4）转换率的计算是基于平台上各数据进行测算，例如流量 2589、我想要 162 和成交 16。计算方法是：咨询率 162/2589 等于 6%，交易率 16/2589=0.6%

四、闲置类商品的选品

（1）结合自身优势寻找熟悉的商品类型或选择特定渠道的产品。

（2）数据选品要求：搜索人气高、关键词搜索量大、利润高、回报率高、赞誉度高的产品。数据选品工具包括生意参谋、百度指数、短视频数据抖查查和第三方数据平台。

五、标题及文案写作技巧

1. 标题

能够吸引消费者眼球并较容易引导消费者下单的关键词包括“清关”“正品清货”“最低价格”和“限量”等。自由主题：将系统中的内容关键词进行拆分，巧妙地将单个词与多个词组合，如“点击词 + 产品名称 + 产品属性 + 市场搜索词 + 流量”。

2. 文案

方案的功能包括产品描述、解决疑问和促进决策。爆款文案如图 4.3 所示。

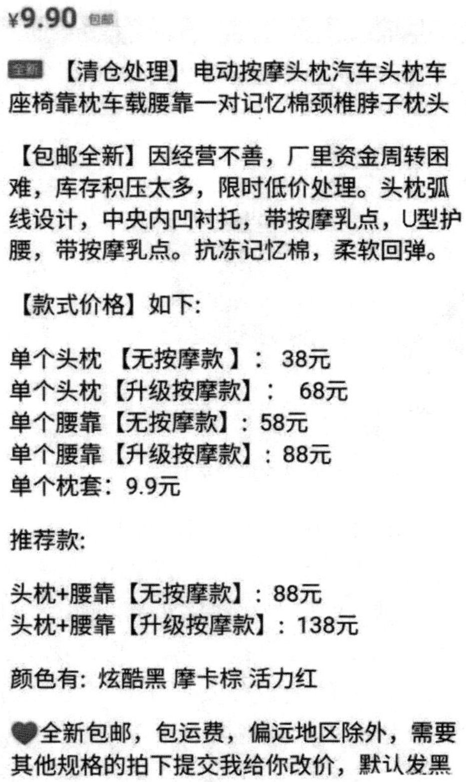
¥9.90 包邮
全新 【清仓处理】电动按摩头枕汽车头枕车座椅靠枕车载腰靠一对记忆棉颈椎脖子枕头
【包邮全新】因经营不善，厂里资金周转困难，库存积压太多，限时低价处理。头枕弧线设计，中央内凹衬托，带按摩乳点，U型护腰，带按摩乳点。抗冻记忆棉，柔软回弹。
【款式价格】如下:
单个头枕 【无按摩款】： 38元
单个头枕【升级按摩款】： 68元
单个腰靠【无按摩款】：58元
单个腰靠【升级按摩款】：88元
单个枕套：9.9元
推荐款:
头枕+腰靠【无按摩款】：88元
头枕+腰靠【升级按摩款】：138元
颜色有：炫酷黑 摩卡棕 活力红
全新包邮，包运费，偏远地区除外，需要其他规格的拍下提交我给你改价，默认发黑

图 4.3　爆款文案

怎么才能打造闲鱼爆款文案？

（1）闲鱼爆款文案 5 要素：宝贝来源、宝贝规格、宝贝优势、宝贝特点和宝贝数量。

（2）宝贝来源：突出自己的宝贝是从哪里来的，可以是朋友实体店不做了，现在清仓出售；或者是厂家直销；或者是网店不做了；等等。

（3）宝贝规格：

介绍自己的产品有几个规格，分别是什么版本，如基础版和升级版，区别是什么等等，一定要简洁明了。

技能点二 聚美优品店铺介绍

聚美优品（图 4.4）是聚美集团的电子商务业务，曾是中国最大的化妆品电子商务平台。聚美集团在电子商务、影视娱乐、共享经济等创新领域上不断努力，培育了一批行业领军企业。

图 4.4 聚美优品

聚美优品坚持只从品牌厂家、正规代理商、国内外专柜等可信的进货渠道采购商品，并在采购部专门设置自己的质检员，让消费者拥有良好的产品使用体验，进而取得消费者的信任。聚美优品曾拥有 5 000 万注册用户，占女性化妆品团购市场份额的 80% 以上。与常规的团购有所不同，聚美优品的信息发布客户是自己，即自建渠道、仓储和物流，销售化妆品。从严格意义上说，它是采取团购形式的垂直类女性化妆品 B2C 电商。创业之初，聚美优品的理念就很清晰，即做女性化妆品正品折扣网店。聚美优品上市后即进行重要业务转型，砍掉第三方平台上的奢侈品业务，并将第三方平台美妆业务全部转为入库自营。聚美优品 CEO 陈欧认为，此举虽然以牺牲短期业绩为代价，但能够有效加强对供应链质量的管控，着眼于平台健康发展。聚美优品首页如图 4.5 所示。

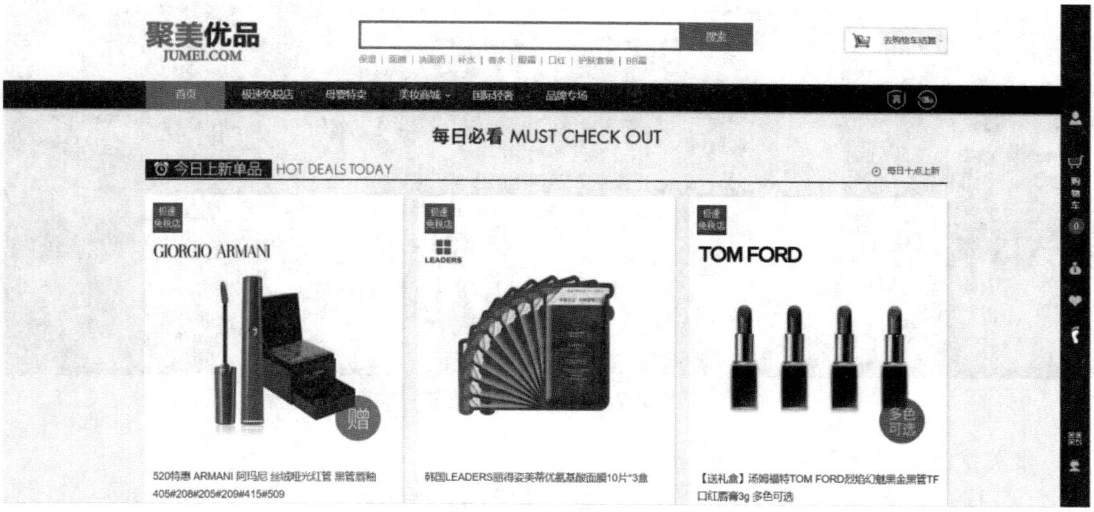

图 4.5　聚美优品首页

聚美优品作为国内首家化妆品电商，一直坚持以用户体验为核心，例如聚美优品开创官方旗舰店入驻的形式，先后吸引了一些国际知名美妆大牌抢先入驻，迎来了新一轮的急速扩张。据市场部相关负责人透露："官方授权 B2C 旗舰店的出现，可以加强消费者对网购的信任度，也有助于提升用户体验及服务体验。"聚美优品开创了中国垂直美妆类 B2C 正式布局 O2O 的先例，曾引起业界的广泛关注。而线下旗舰店的尝试，除了展示聚美优品的品牌形象外，更多的是考虑用户层面，拉近与用户的距离，弥补用户网购体验不足的缺憾，提升品牌的溢价能力。聚美优品美妆海报如图 4.6 所示。

图 4.6　聚美优品美妆海报

聚美优品每年开展盛大的团购节活动，以女性为主题的聚美优品桃花节深受广大女性消费者的喜爱，如图 4.7 所示。

图 4.7 聚美优品桃花节

聚美优品店铺入驻流程如下。

（1）打开聚美优品首页，点击“立即入驻”，如图 4.8 所示。

图 4.8 立即入驻

（2）按照入驻流程填写申请，如图 4.9 所示。

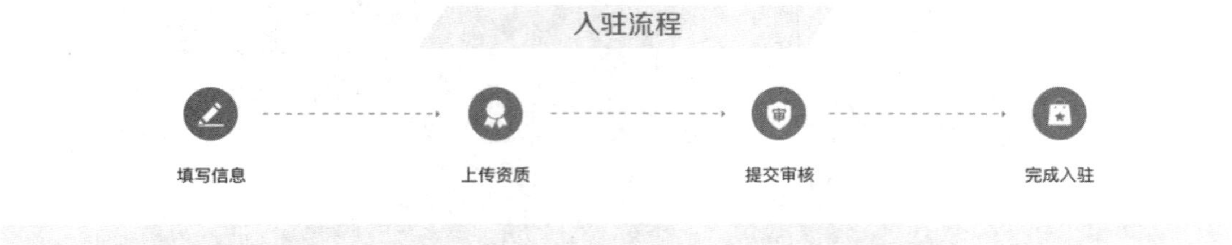

图 4.9 入驻流程

入驻品牌资质标准如图 4.10 所示。

品牌资质

	品牌资质	资质要求
商标资质	商标证/商标受理通知书	信息需真实有效，商标与拟合作品类相符，logo与实际使用一致。
	商标转让、变更、续展证明	若商标发生过转让、变更、续展需提供。
	商标人证件复印件	若商标人是自然人，则提供。需商标人亲笔签字，合作商家盖章。
授权渠道	授权文件	授权链条需完整，授权内容包括商标、图片、文字等，授权范围含网络销售。
	授权文件（商标人为自然人时提供）	1.商标人出具的生产委托书，亲笔签名，合作商家盖章。
		2.商标人出具的销售授权，含授权期限、授权范围、授权内容，亲笔签名，合作商家盖章。
质检报告	基本要求	1.第三方权威机构出具，如CMA/CANS。
		2.商标人出具的销售授权，含授权期限、授权范围、授权内容，亲笔签名，合作商家盖章。
		3.送检单位需在授权链中。
		4.时间2年之内（食品需在半年或有效期内）。详细要求
报关资质	报关单	时间需在1年之内、页码完整、清晰；收货人在授权链条中；状态为已结关/已通关；内容与合作品牌相符。
	海关专用缴款书	与报关单对应（以报关单合同协议号为准）。
	检验检疫证明（如有）	与报关单对应（以报关单合同协议号为准）。
特殊品类资质	特殊资质(产品为普通食品、婴幼儿配方食品、酒类等）	详细要求

图 4.10 入驻品牌资质标准

商家资质要求：公司注册资本需在 50 万元（含 50 万元）以上。所有资质必须在有效期内。若顾客有开发票需要，商家必须开具发票。入驻标准如图 4.11 所示。

入驻标准

公司注册资本需在50万（含50万）人民币以上。

公司资质

	资质名称	资质要求
法务资质	营业执照	信息需真实有效，拟合作品类属于商家经营范围，注册资金符合招商标准。
	组织机构代码证	与营业执照主体一致，真实有效。
	税务登记证	
财务资质	开户行许可证	

图 4.11 入驻标准

资费标准如图 4.12 所示。

资费标准

商城模式	特卖模式
商家的产品可长期在线销售。	商家的产品需满足聚美排期要求，限时在线销售。

国内商家	海淘商家
公司注册地为中国大陆。	公司注册地为海外及港澳台地区。

经营模式 商家类型	商城模式	特卖模式	币种
国内商家	10000	10000	人民币
海淘商家	10000 - 20000	10000 - 20000	美元

图 4.12　资费标准

聚美优品优势分析如图 4.13 所示。

聚美优势
3,000+万
注册用户
千万优质用户
聚美拥有超过3000万注册用户，月销售额突破6亿元。
1,000+万
单次在线人数
大热渠道推广
除常规推广渠道外，聚美还拥有具备高用户黏性特质的社区频道及直播业务，直播明星过百名，单次最高在线人数突破1千万。
ESP
多仓代发货
仓储物流优势
聚美支持多仓代发货（ESP模式），商家只需将产品就近入聚美仓，仓储及配送均可由聚美完成。

图 4.13　聚美优品优势分析

聚美优品现有品牌展示如图 4.14 所示。

现有品牌
AIMISS 爱美斯
COCOBELLA
MiiOW
SEIFINI 诗凡黎
KOMANIC
芬腾
周大生 CHOW TAI SENG
AIMISS 爱美斯
ViSHOW
eifini 伊芙丽
adidas
Hodo 红豆

图 4.14　现有品牌展示

任务实施

实训：开通个人闲鱼店铺并发布宝贝

1. 开店流程

（1）准备支付宝或淘宝账号。

（2）下载闲鱼 App。

（3）用淘宝账号或支付宝账号登录进闲鱼，并进行实名认证。

（4）开店成功。

2. 发布宝贝流程

（1）打开闲鱼 App。

（2）选择中间的“+“号，点“发布闲置”。

（3）选择要发布的商品图片。

（4）填写商品的“标题”和商品宝贝“描述”。

（5）选好发货地址，填写价格等信息。

（6）点击右上角的“发布”。

具体操作流程如下。

第一步：首先要有支付宝或者淘宝（图 4.15）账号。

图 4.15　淘宝或支付宝账号

第二步：下载闲鱼 App，如图 4.16 所示。

图 4.16 闲鱼 App

第三步：打开闲鱼 App 后，开通闲鱼账号并进行实名认证。实名认证的方法：点击页面右下角“我的”，然后点“开通”，如图 4.17 所示。

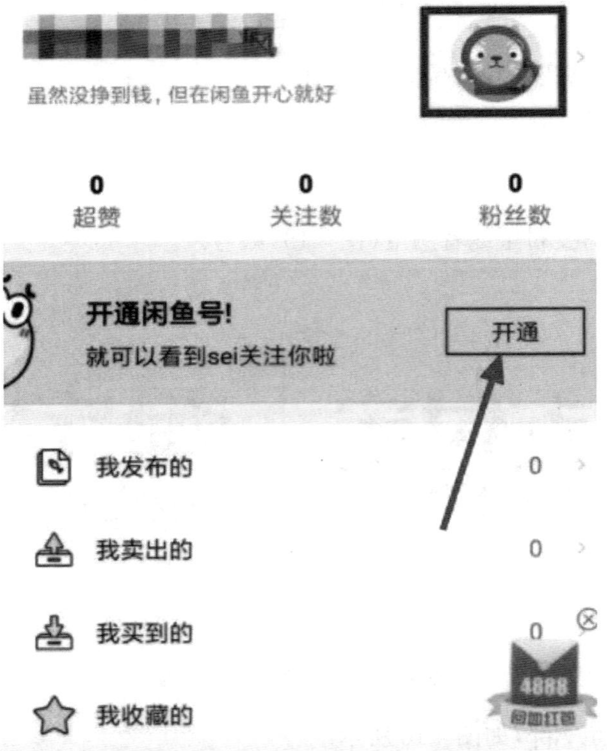

图 4.17 实名认证

点进去之后，会看到“实人认证”显示未认证，如图 4.18 所示，点击“未认证”进入认证界面。

图 4.18　实人认证

认证过程时需要填写个人信息，如图 4.19 所示。

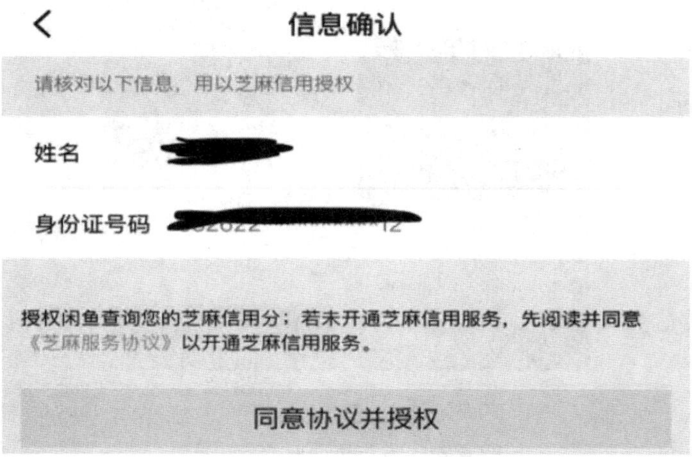

图 4.19　填写个人信息

认证完成后，提示“恭喜开通闲鱼号”，如图 4.20 所示。

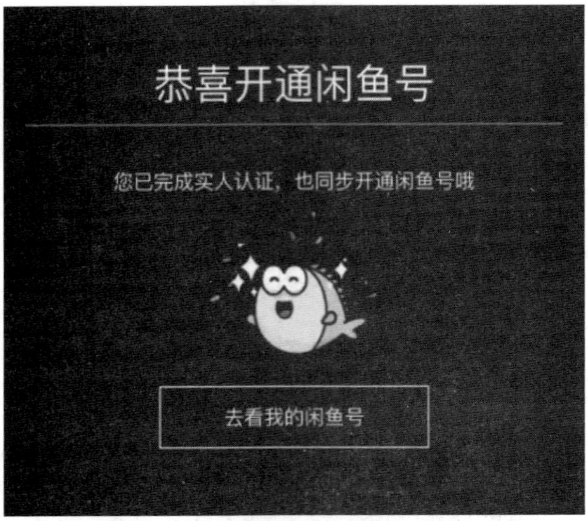

图 4.20　完成认证

第四步：完成认证之后，说明已经开店成功，可以发布商品了。打开闲鱼 App 后，点击页面底端中间的“+”号，如图 4.21 所示。

图 4.21　点击页面底端“+”号

在弹出的三个选项中，选择“发闲置“，如图 4.22 所示，进入图片选择的界面，上传提前准备好的商品图片，如图 4.23 所示。

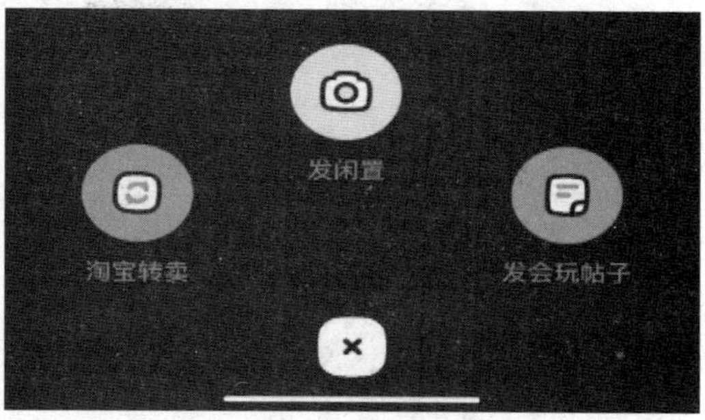

图 4.22　发闲置

图 4.23　上传图片

第五步：填写商品标题和商品详情，标题最好在 30 个字以内，商品详情要将商品的具体情况描述清楚。

宝贝图片下面可以选择发货地，建议根据实际发货地址来选择，在“更多信息”里，可以选择与商品分类相对应的关键词。

如果宝贝有多种价格，建议根据宝贝最低标价来设定，在不亏损有赢利的情况下，建议包邮。全部设置好之后，单击右上角的“发布”即可，如图 4.24 所示。

图 4.24　宝贝价格的设置

任务总结

本项目介绍了垂直电子商务中闲鱼、聚美优品的特点以及开店的流程。通过本项目的学习，掌握各平台的运行机制，掌握入驻店铺并发布商品的步骤。

英语角

Jumei premium products	聚美优品
Platform	平台
Idle fish	闲鱼
Shop	店铺
Auction Online	网络拍卖
Describe	描述
Cross-border Payment	跨境支付
Headline	标题
Concrete	具体的
Attestation	认证

任务习题

一、名词解释

垂直电子商务　聚美优品　闲鱼　综合电子商务

二、选择题

1. 下列不属于垂直电商的是（　　）。

A. 唯品会　　B. 聚美优品　　C. 1 号店　　D. 春水堂

2. 聚美优品作为国内首家化妆品电商一直坚持以（　　）为核心。

A. 低价　　B. 质量　　C. 用户体验　　D. 多样化

3. 下列对垂直电商表述正确的是（　　）。

A. 电子商务的体系结构垂直纵向分布

B. 电子商务的物流环节可以纵向发货

C. 在某一个行业或细分市场深化运营的电子商务模式

D. 很成熟的电子商务平台，如阿里巴巴就是典型的垂直电商

4. 下列属于垂直电商优势的有（　　）。

A. 供应链、商品管理方面的优势

B. 商品专业化、服务专业化

C. 场景化的电商平台

D. 商品种类众多，一站式购物

三、判断题

1. 人群定向中，基础定向偏向泛人群，兴趣定向偏向目标，而行为定向（搜索、App、电商、社交互动）偏向精准效果。（　　）

2. 信息流推广是指通过信息流渠道把信息流广告精准推荐给用户的过程。（　　）

3. 查询拓展的主要目的是给网店推广关键词，自动拓展相关的查询词，扩大流量。（　　）

四、简答题

1. 电商形式包括哪些？

2. 垂直电商的表现形式有哪些？

3. 合格的标题包括哪些信息？

项目五　直播电商

课程思政

学习目标

通过了解直播电商，认识什么是直播，以及如何将直播和电子商务相结合进行产品销售。通过本项目的学习最终熟悉直播电子商务的独特性，并具备独立搭建直播室和独立运营直播平台的能力。

在任务实践中实现：

1. 了解直播电商的基本概念；
2. 熟悉直播电商带来的好处；
3. 掌握直播电商的优势；
4. 具备运营直播电商的能力。

学习路径

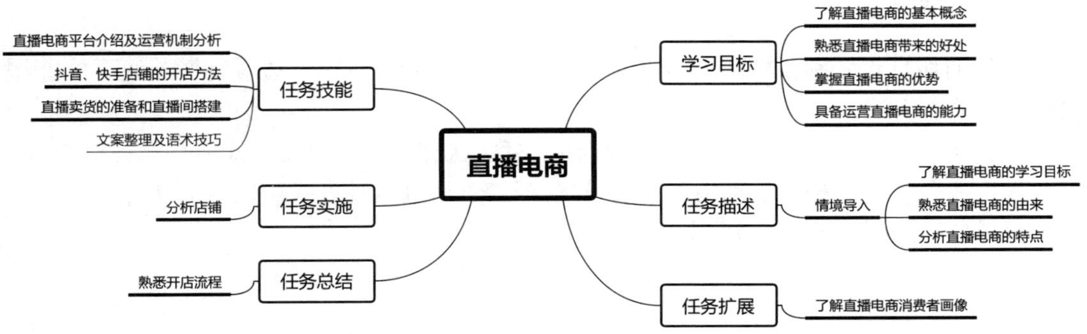

任务描述

直播电商经历了 4 年的成长，从一开始进入大众视界的只有 YY 聊天室、腾讯直播，到现在，发展成为所有电商平台的标配。近一年来，直播带货已经成为众多企业和商家追捧的主流。较多知名度高的艺人主播频出，社会效应的凸显，为各个直播平台带来了更多的流量。本项目通过多个维度认识什么是直播电商，以及直播电商的特点，学习并掌握直播电商中的流量获取及变现方式。

【情境导入】

直播电商顾名思义就是以直播的方式进行商品的销售。直播本质上是一种流量工具，它的最终目的是对商品进行销售，从而达到增加销售量和营业额的目的。它是一种将直播与电商相结合的新型营销手段。

【内容介绍】

直播电商可以更好地刺激消费者的购买欲，给予消费者更好的消费体验。直播电商与传统电商相比具有较大的优势。直播电商对销售的商品有更加直观、全面的展示。主播对商品进行试用、讲解，可以使消费者对商品有更加全面的了解，刺激消费者的购买欲，进而增加商品销售额。

【课程思政】

在“直播电商”模块教学中，培养学生的敬业、法治、诚信等社会主义核心价值观教育，树立学生的法律意识和职业道德，努力弘扬中华优秀传统文化。

【效果展示】

直播商城真正做到了将商铺与直播间相融合，使观看者可以一边看直播一边下单，极大地提高了直播效率。

直播电商设有奖竞猜互动功能。观众通过答题获得奖品，获奖方式为全部答对或者答对一题。主办方可以根据活动情况提前设置好答案，通过这种方式可以增加品牌关注度，预热商品销售，达到促销宣传的效果。

任务技能

技能点一　直播电商平台介绍及运营机制分析

一、直播电商平台介绍

1. 商务形式的转换

直播电商作为一种实现营销目标的电子商务形式，是数字时代背景下双向融合的产物。直播电商虽然本质上是电商，但不可否认的是，它通过直播的方式重构了“人、货、板块”三要素，与传统电商相比，具有强交互和高转化率的优势。互联网技术的提升为多个应用的快速发展提供了良好的基础条件。

2. 为用户带来新体验

互联网技术保证了直播更流畅、更美观、更即时。互联网的发展为用户和主播提供了更好的体验的同时，也为直播行业的发展提供了更多的可能。经过多年发展，电商行业扩大新用户的成本持续上升。直播具有产生社交流量成本低、转化效果显著等优势，因而成为众多商家获取流量的新方向。

通过直播和实时互动，商家可以高效地将产品触达消费者，大大缩短消费者的决策时间，同时直播更有诱惑力，通过直接降价、发放优惠券等激励手段，引导消费者下单。主播“种草”的独特能力可以使消费者较容易产生购买行为。

3. 直播电商的布局

直播电商行业当前正处于巅峰期红利阶段，参与者基本都能获利，渗透率有极大的提升空间。直播电商是大环境下双向融合的产物，是顺应科技发展的趋势，将对电商重新定义。在满足消费者需求的同时，直播平台推出相关规定，为直播电商行业发展奠定良好的基础。

二、运营机制分析

下面以抖音为例对直播电商运营机制进行分析。

目前抖音直播对直播内容的管理有七条底线要求，即发布内容和信息不得违背或违反法律法规、社会主义制度、国家利益、公民合法权益、社会公共秩序、道德风尚。

抖音运营机制分析如下。

1. 标签机制

（1）用户标签：抖音平台根据用户的偏好进行相关内容的推荐。

（2）内容标签：发布视频后，平台会根据不同用户的反应、评论和喜好来标记发布的内容。

总结：标签越垂直，获得推荐就越容易。用户喜欢和知道的内容将为您标记。

2. 社交机制

抖音账号是用手机号注册的，抖音通过查看通讯录好友，根据通讯录的好友标签，判断用户的社交属性，并为用户贴上标签。

3. 智能推荐机制

它也被称为千人千面机制。每个人的喜好不同，抖音以用户为中心，个性化推荐，让每个人都能看到不同的内容。

技能点二　抖音、快手店铺的开店方法

一、抖音店铺的开店方法

抖音店铺开店的操作步骤如下。

（1）手机打开应用市场下载抖音 App，如图 5.1 所示。

图 5.1　抖音 App

（2）打开手机抖音客户端，登录账号，打开菜单栏，找到“创作者服务中心”，如图 5.2 所示。

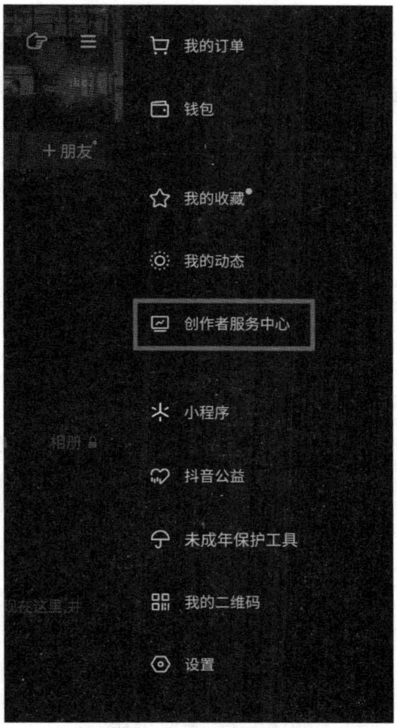

图 5.2　创作者服务中心

（3）在创作者服务中心找到“商品橱窗”，如图 5.3 所示，点击进入菜单界面。

图 5.3　商品橱窗

（4）在“商品橱窗”界面找到“常用服务”，在“常用服务”下点击“开通小店”，如图 5.4 所示。

图 5.4 开通小店

（5）进入抖音小店入驻界面，即可看到抖店首页以及“如何入驻”等信息，点击“开启商家后台”即可。

（6）登录个人账号，选择注册主体类型，如图 5.5 所示。

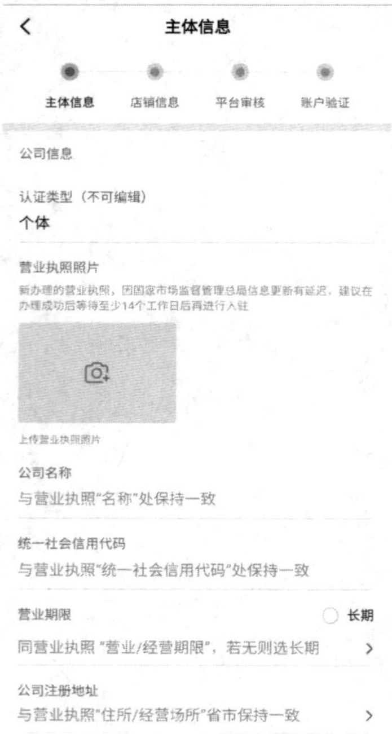

图 5.5 入驻类型

(7)按照正常注册流程,选择填写主体信息、店铺信息,做资质审核,最后进行账户验证。在此环节要上传营业执照以及身份证等信息,如图 5.6 所示。

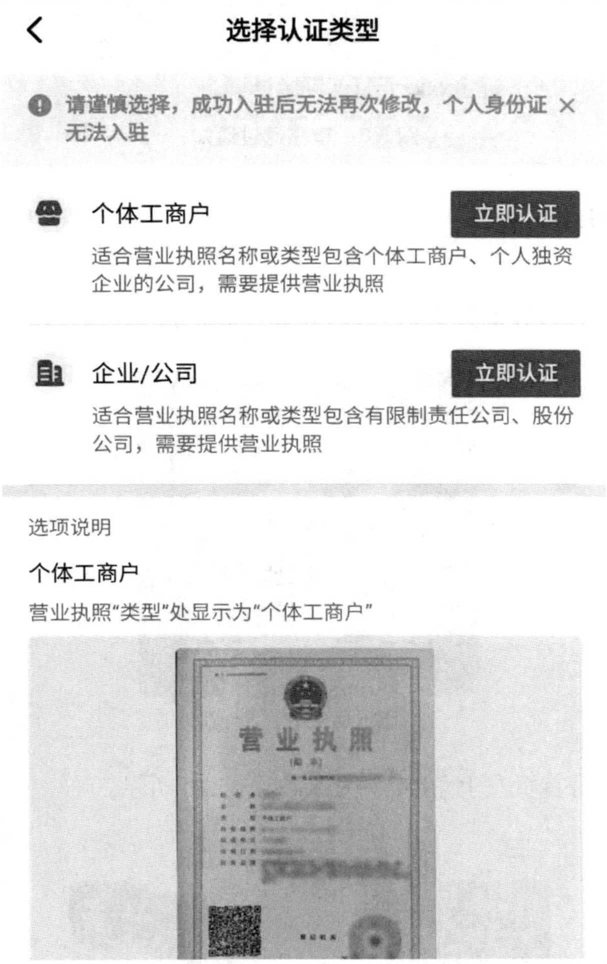
选择认证类型
请谨慎选择,成功入驻后无法再次修改,个人身份证无法入驻
个体工商户
立即认证
适合营业执照名称或类型包含个体工商户、个人独资企业的公司,需要提供营业执照
企业/公司
立即认证
适合营业执照名称或类型包含有限制责任公司、股份公司,需要提供营业执照
选项说明
个体工商户
营业执照"类型"处显示为"个体工商户"
营业执照

图 5.6　填写注册信息

(8)资质审核的时长为 1~3 个工作日。开店者需要及时关注平台短信通知或返回平台查看审核结果,如图 5.7 所示。

说明	情况	详情
审核时长	——	平台将在1~3个工作日内进行审核
审核通知	提交审核	短信通知:资料信息审核中,预计**1~3个工作日**出结果,请耐心等待。

图 5.7　审核周期

(9)审核通过(图 5.8)后,缴纳保证金,抖音小店开通完成。

审核通过	短信通知： 1. 资料信息审核通过，请进行账户验证操作。 2. 您的小店已通过资质审核，按照后台提示继续通过账户验证后，完成保证金缴纳就可以正常营业啦，待缴纳保证金xxxx元（保证金详情：

图 5.8 审核通过通知

二、快手店铺的开店方法

快手店铺开店的步骤如下。

（1）打开手机应用市场，下载快手 App，如图 5.9 所示。

图 5.9 快手 App

（2）打开快手，点击首页左上角 图标，如图 5.10 所示。

图 5.10 快手入口

（3）在随后出现的页面里，点击“设置”，如图 5.11 所示。

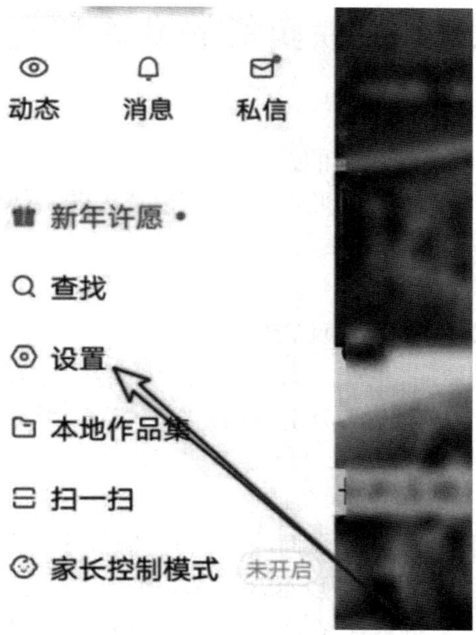

图 5.11　点击“设置”

（4）在页面中找到磁力金牛，点击进去，在如图 5.12 所示的页面里，点击“开通小店”。

图 5.12　磁力金牛

接下来按平台要求逐一完善后续步骤。

技能点三　直播卖货的准备和直播间搭建

直播的关键是营销，而不是单纯的销售。商家通过直播营销可以使消费者更好地了解商品的功能和作用，激发消费者的购买欲望，提高消费者购买的积极性。

一、直播卖货的准备

1. 商品货源、商品类别、质量必须稳定

如果你是服装行业的商店、生产厂家，那么生活内容一定要与服装有关。如果你是一位受欢迎的主持人，那么生活与商品的类别，有必要集中在一个领域。

2. 团队分工

团队分工是做好直播带货的基本条件之一。分工是一个成熟的团队顺利完成工作的保障。主播要熟悉产品信息，介绍和展示商品，控制直播节奏。直播节奏是最重要的，它关系到整个直播过程的流畅性。助理可以远离镜头，但一定要与主持人和粉丝保持良好的互动。场控人员在直播过程中负责控制、红包公告、价格变动、提醒、临时调整等，需要具备较强的适应能力和应变能力。

3. 直播间的画面布局

直播间的画面布局是给消费者的第一感受。根据商品类别，直播可分为服装类、化妆品类和食品类等。直播间的画面由主播、直播背景、评论区和产品展示区组成。对于服装类直播，可以利用墙角来实现景深效果，这样可以更接近真实状态。对于食品类直播，前景可以用来展示商品，背景可以用来发布一些有关展示活动的信息，这样可以使观众更好地了解直播间里的活动。

4. 直播前的预告与拉新

目前，直播行业越来越规范，要做好直播前的预告与拉新是必要的。

如果没有粉丝群体，直播的受众规模就会非常小。因此，需要通过一定的宣传方法，如在朋友圈发布直播预告等，为直播间带来流量。当你拥有一个多样化的粉丝群体或用户群体时，你就可以将直播预告发送给粉丝群体。

直播的注意事项如下。

第一点：直播时一定要面带微笑、充满自信。让观众感觉到正能量，直播的前几分钟可以先和观众聊聊天，进入状态以后再切入正题。

第二点：有新观众进入直播间要向其打招呼，让观众有被主播关注的愉悦感。

第三点：在做商品推荐型的直播时不要单纯地介绍商品，要注意观众留言，多和观众互动，同时尽可能多地满足顾客对商品展示的要求。

第四点：要不时植入品牌、商品、活动信息，以及店铺所在地址等，可以引导顾客到店消费。

5. 直播技巧

提高直播卖货的转化率需要做到以下几点。

（1）购买关注有礼，利于粉丝积累，便于后续顾客互动或活动发布。

（2）私信发布优惠产品信息。商家可以设定“会员制度”并积极互动营销，便于集中顾客注意力，关注产品推介。

（3）直播窗口小活动，前 X 名线下领小礼品 / 发优惠券。便于集中顾客注意力，参与直播互动；

（4）引导顾客分享直播 / 商品链接至朋友圈，并私信给主播，参与抽奖 / 派发优惠券，以便引导顾客关注商家账号。

（5）直播时间的整体规划。直播的时间一般为两个小时，也可根据自身的情况适当延长或者缩短，直播开始时先预热半个小时，可以引导用户将直播间分享给好友，并与用户互动，及时回答用户的相关问题。然后按照要展示推荐的产品依次安排时间，每推荐一个产品要与观众进行互动，随时解答观众提出的问题，引导观众们及时下单购买。

二、直播间搭建

（一）硬件选购

1. 电脑

尽量选用较高配置的电脑，这样才能保证直播时画面流畅，不卡顿。建议使用台式机，不但价格便宜，而且同样配置的台式机性能高于笔记本电脑。此外，台式机用内置声卡，更加稳定。选用 19~25 in 的显示器较为合适，尽量买润眼系列的显示器，不然时间久了眼睛会特别累。

若使用笔记本电脑，尽量选择不小于 15 in 的，太小的话可能无法正常显示直播间的信息。多数直播平台是支持宽屏的。

2. 宽带

尽量选用 10 M 以上光纤宽带。光纤宽带上行与下行可以同步。不能选用低于 4 M 的电话线宽带。电缆传输信号的宽带，其上行速率只有下行的一半。

3. 摄像头

一款性能良好的摄像头，能让主播变得更美、更漂亮。摄像头主要有红外摄像头和高清摄像头，目前以高清摄像头为主，如图 5.13 所示。

图 5.13　专业直播摄像头

4. 声卡

1）电脑声卡

直播所需设备中，摄像头和麦克风可以与所有电脑兼容，但声卡是个例外。声卡分内置声卡和外置声卡。内置声卡只能用在台式机上，且电脑主板必须有空置的 PCI 插槽；外置声卡主要用在笔记本电脑上，也可以用在台式机上，通过 USB 插口接入。总体来说，内置声卡效果比外置声卡好，效果主要要靠调试。有些声卡是内外置通用、手机电脑通用的。

2）手机声卡

随着手机直播逐渐成为主流，专门的手机直播设备也应运而生。专门的手机声卡比较方便，可随身携带。常见的声卡类型如图 5.14 所示。

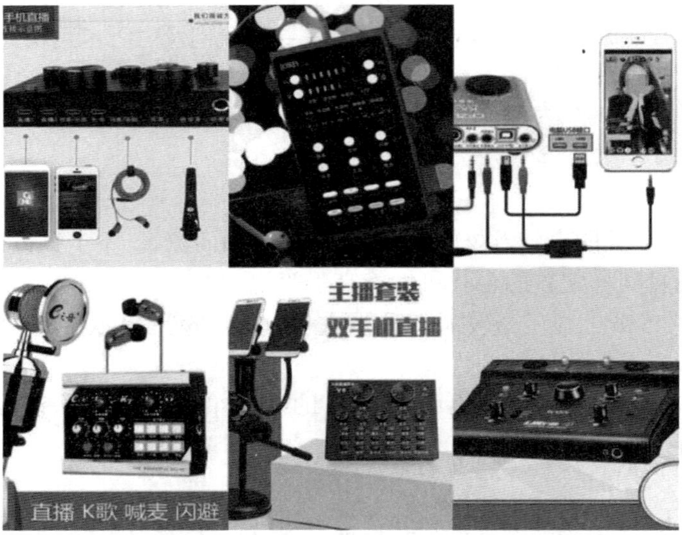

图 5.14 常见的声卡类型

5. 电容式麦克风

电容式麦克风的种类非常多，从一百块钱到几万块钱的都有。一般情况下选择电容式麦克风参考两点：一是预算多少，二是直播类型。有些电容式麦克风需要另外接电源，有些直接插在电脑上就能用。

6. 灯光

灯光种类有很多，这里主要介绍摄影灯，这种灯光打在主播脸上最柔和，效果也最好，用两个摄影灯箱和两个灯泡（150~175 W）就可以了。

7. 转换器 + 显示屏（投影仪）

对于一些近视或者演奏型的主播，为了更好地看清屏幕上的字，可以将手机上的画面投影到显示屏（21~29 in）或投影仪上。模式一般选 VGA（部分为 HDMI）。转换器有苹果版、安卓版和通用版。可以根据主播需求选择不同价位的显示屏、投影仪。

8. 调音台

调音台可将话筒、伴奏、乐器等声音集合到一起，统一控制和限噪。优选 6 孔以上带混响的调音台（4 孔的不带混响）。

9. 摄像机 + 推流器 + 直播平台

电商直播若想效果好，需要用高清摄像机或专业摄像机，通过推流器将视频流推到直播平台。

高清摄像机可以拍摄出高质量、高清晰的影像，画面可以达到 720 线逐行扫描方式（分辨率为 1280×720），或达到 1080 线隔行扫描方式（分辨率为 1920×1080）。一般高清摄像机可以划分为：① DV 个人消费拍摄（手持式）所用的高清摄像机，一般为 SONY、松下、佳能、三星等品牌；②专业影视拍摄（肩扛式）所用的高清摄像机，应用较多的为 SONY、松下等品牌。

（二）系统搭配及调试

1. 镜头设置

镜头设置要注意以下 3 个方面。

（1）画面清晰：能看清人物的细微表情；光线均匀，特别是脸部，要避免脸上出现局部曝光（局部区域过亮过白）；色调以自然、粉嫩为佳，注意调节到合适的白平衡和对比度。

（2）人物比例：坐姿端正，人物整体位于画面中心，脸部位于画面中上部，摄像头能拍到人物上半身画面，上方到刚好露出头顶，下方到胸部以下、腰部以上。

（3）拍摄角度：摄像头高度控制在平行于额头位置，从上往下拍；如果觉得自己的侧脸更好看，可以把摄像头放在斜对自己的位置，但是要注意不能过偏（不超过 30° ）。

2. 背景设置

直播间的背景以浅色调为佳，但不宜过白，注意人物着装风格与背景的协调。背景是衬托主播气质以及风格的重要部分。背景一定要与主播本身气质相符合。在风格统一的基础上，背景物件的摆放一定要整洁，不能杂乱，如图 5.15 所示。

图 5.15　直播间背景搭建效果

举个例子：萌系的主播背景以暖色调为主，当房间色彩比较单调时可以配上蕾丝、娃娃、田园风家具、暖色调的灯……这样的氛围比较容易让人往可爱的方向联想，给主播的形象加分。

注意：①切忌出现反差很大的颜色；②切忌整体背景出现白墙、黑（灰）等暗色系；③切忌背景出现非常鲜艳的色块。

3. 音频设置

声卡是保证声音质量必要的硬件，建议购买可以搭建机架的声卡，这样可以方便搭建机架实现更多的软件效果，软件效果可以找专业调音师调试。每个人都有自己的声线特点，声卡可以修饰人的声音，让人的声音更好听，所以主播一定要找到适合自己声线的声音效果，以提高展示效果。

直播前要对设备进行调整，尽量避免话筒和悬臂支架对视频效果的影响，话筒离嘴保持20~30 cm 的距离为佳，并注意不要被话筒挡脸。

4. 灯光设置

直播间灯具设置如图 5.16 所示。

图 5.16 直播间灯具配置

1）打光原理

整个房间要亮，在充足的灯光下，主播的脸部和背景颜色在摄像头里的颜色才会更好看。打光不能出现阴影，光线要平衡，很多人会直接把光往脸的正面打，正面打光要打到光线平衡且没有阴影是比较难的，单纯一两个灯是做不到的。在直射的光线下长时间直播也会让人感觉不舒适。因而，可以尝试反方向打光，比如将光打到墙上或者用反光板反射，这样的光线比较柔和，不会有明显的阴影，在视频调试中不会出现曝光过度等情况。灯光搭配还要综合考虑房间实际情况和桌子的位置。

2）顶灯

顶光通常建议选择白色的 LED 吸顶灯，现在市面上有一种 LED 无极调光的吸顶灯，这种灯可以随便调光的冷暖度及光的明暗度，非常方便，价格为一两百元。

3）台灯

电脑桌上加台灯的目的是把脸部的灯光打亮，让人的气色看起来更好，两个 7W 左右的

LED 台灯就够用了。

(1)顶光不能太暗。

(2)顶灯需要在房间靠中间位置,否则会导致房间灯光不平衡。

(3)桌面的台灯不能直射摄像头,灯光直射摄像头会导致画面有白雾。

(4)所有的灯光不能直接照射人,桌面台灯需要对墙打,让墙面反射柔和的光线。

(5)电脑前面的光一定要比背景光更亮。

技能点四　文案整理及话术技巧

一、文案整理

(1)文案场景化。多用形容词描绘场景,让用户能够有代入感和画面感,如“穿风衣的时候一定要有这种颜色(很多女孩子的衣橱里一定会有风衣,然后就会忍不住想要买);屋顶花园,非常适合夏天;秋冬天你用这个颜色,你就炸了;穿着白纱裙,在海边漫步的女生,给人非常干净的感觉。”这些文案是不是非常令人心动呢?利用文案构建一个场景,让用户跟着主播的思路走,销量自然就上来了。

(2)展示优惠力度。现在越来越多的用户喜欢在直播间购物的一个原因是,直播间有很多优惠,许多商品在价格上非常有优势。因此,我们可以利用观众追求低价的心理,在写带货文案的时候点明直播间的优惠力度,这样进入直播间的观众一旦确认了优惠活动的真实性,购买的可能性就大大增加了。

(3)深击用户痛点。用户痛点来源于真实需求,是产品诞生的原动力。根据用户痛点写宣传文案,可以快速吸引特定的用户群进入直播间,如“职场美衣,穿搭清凉一夏”“初入职场美饰搭配指南”。这类针对性文案能瞬间精准地抓住用户的痛点——职场女性初入职场的穿搭技巧,不仅精准有效地吸引了目标用户,还直接降低了引导转化的综合成本。

(4)深挖产品细节。直播带货文案对产品细节描写得越具体,就越能有画面感。毕竟在直播中,用户不能直接接触到商品,通过营造细节的画面感,能够很好地打动人,通过文案把产品的细节充分展现出来,加强用户的购买欲望。

二、话术技巧

直播卖货的语言技巧包括但不限于以下几点。

(1)学会沟通,并设身处地地为粉丝着想。从粉丝的角度介绍商品,以获得他们的认可。

(2)开场话术。刚开始直播时,可以用以下几个卖货话术来欢迎粉丝:“各位朋友晚上好呀,欢迎大家来到我的直播间。今天直播要跟大家分享几个重磅商品!”(可简要说明直播带货的商品)

(3)中场互动。主播直播到中场时,别忘了和粉丝进行互动,比如可以说:“这个知识点听懂没?听懂的扣 1,没听懂的扣 2”或者“新进入的小伙伴可以关注一下主播哦,接下来会进行一波抽奖!”

(4)粉丝昵称。我们在直播的时候可以为粉丝朋友设计一个昵称,比如“妹妹们来咯!”或者称呼粉丝为“女生”。比起很多主播一上来就称呼粉丝为“宝宝、宝贝”这样肉麻的称呼来说,称呼粉丝为“女生”就显得不卑不亢,不谄媚!很容易博得女性朋友们有好感!

(5)提前策划直播内容,完成直播脚本的设计。很多主播天生不太爱说话,不知道怎么说,说什么。那么你可以提前写好一个直播卖货的脚本,提前设置好在什么时间节点要说什么,把细节都敲定,在直播前熟记,这样才不会慌!例如:欢迎新朋友哦,谢谢你来看我的直播;谢谢 ××× 送的礼物,非常感谢你(可以直接点名,谢谢!);感谢 ×× 的关注,还没有关注我的朋友,点击上方关注,主播每天都会给大家带来精彩的直播内容哦!

任务实施

本次任务主要通过对快手直播平台某主播的直播内容进行分析,学习其直播技巧,从而直播中进行实践。

直播现场技巧汇总如下。

1. 客单价低

直播间销售的商品单价较低,价格大多在 50 元至 100 元之间,很容易吸引从未购买过该产品或对该产品了解不多的人。根据 TalkingData 的数据,快手用户群主要集中在三、四线城市。

此前,主播在直播间出售了一件鹅绒羽绒夹克,售价为 499 元。他总是告诉身边的员工,价格太高,卖不出去,他们(粉丝)过去常买 100 多元的羽绒服。

2. 赠品

主播经常强调附带的礼物,比如“买一个 ×× 送一个 ×× 礼物”。这些关键话语会在现场直播中多次提及。除此之外,主播还会在品牌提供的礼物之外,增加他专门送给粉丝的礼物。例如,以前销售美容产品时,品牌礼物是一小瓶防晒霜,主播添加了自己工厂生产的牙膏。这样,不仅可以促进粉丝购买,还可以接近与粉丝的关系。

3. 完整类别

直播间拥有全套产品。根据相关数据,在“双十一”期间,美容、食品和服装类商品占据了销售额的前三位。此外,还有其他类别,如日常生活用品、电器等。

4. 突出优势

在销售美容产品时,避开自己不擅长的东西,介绍产品的突出优势和优惠价格。其他内容将由直播画面外的助手补充说明。

5. 多账户带货

某主播有时和他的徒弟一起卖货,并引导粉丝关注其徒弟的账号。例如,在“双十一”期间,某主播和他的徒弟一起出售商品。在直播期间,他负责解释猫他徒弟负责食用和展示产品。某主播经常引导粉丝关注他徒弟的快手账号。

6. 充分利用对比

当某主播销售一些“未知品牌”的产品时，它通常会要求助手比较类似的产品，以突出所销售产品的优势。例如，他在出售三明治面包时，将面包撕成两半，与超市出售的三明治面包进行比较，比较不同三明治面包的厚度，以表明其出售三明治的面包重量更大。通过比较，消除粉丝对产品的担忧。

7. 合理引导，收获粉丝青睐

某主播最常说的一句话是：“需要就买，不需要就不买。”说服粉丝不要盲目购买他的产品，这种方式比大力宣传更容易被接受。

8. 为粉丝说话

某主播不会因为卖产品就会疯狂夸赞产品好，反而时常会吐槽产品的价格、赠品等。比如，在卖“春雨”面膜的时候，他吐槽品牌方没有给到更优惠的价格。甚至说，好的面膜千千万，也不一定非要买这个。尽管如此，评论区还是有不少粉丝在刷品牌名，很快链接就下架了。

9. 福利

某主播通过各种抽奖和红包福利留住用户。例如，在一次直播中，他身后有数百部未打开的 iPhone。在销售期间，他会不断强调“我会在两天内为您订购 100 辆奔驰或宝马，大家都点个关注”。

同时，他还会在直播间通过红包、抽奖等方式增加粉丝。他毫不犹豫地说：“我只是想涨粉！你可以转发给 50 人以上的微信群。如果你获奖，还可以通过截图获得双份奖励。”

10. 直播谈判

某主播通过现场直播展示讨价还价和降价的过程。当现场销售商品时，他会和老板商讨价格时“打架”，要求对方给粉丝一个更便宜的价格。

在一次现场直播中，某主播因为一款葡萄酒的价格比前期商定的价格高出十多元与该品牌方发生冲突，然后，某主播在直播室愤怒地指责，我认为你们的企业已经破坏了客户对我的信任，你们必须向我的客户道歉。在很多粉丝的眼中，某主播作为电商达人在真实地为他们谋福利，也因此更信任他。

11. 邀请明星

某主播邀请明星在直播室销售商品。然而，他邀请的明星不是流量小生，而是知名明星。这不仅可以增加自己的话题，丰富直播室的内容，还可以吸引更多的观众来到直播室。

12. 工厂销售

某主播还在工厂等地销售产品，并通过直播展示产品的生产过程。这样，直接对接货源，展示工厂的销售方式，可以帮助用户更好地了解产品，无形中提高了粉丝的喜爱度和忠诚度。

任务总结

本项目介绍了直播电商的定义、直播电商的发展，分析了各个直播平台，介绍了文案整理及直播电商的话术技巧。

英语角

Live Broadcast Platform	直播平台
New Media	新媒体
Sell Goods Through Live' Streaming	直播
Selection	选品
VR	虚拟现实技术
Sale	销售
AR	增强现实技术
Brand	品牌
Consumption Scenario	消费场景
Account Drainage	账号引流

任务习题

一、名词解释题

直播电商　视频剪辑　粉丝转化率　付费推广

二、单项选择题

1. 直播场地按照空间使用需要一般提前规划为三个区域，以下哪项不属于这三个区域？（　　）

A. 设备摆放区　　B. 货品陈列区

C. 背景陈列区　　D. 后台人员工作区

2. 在直播视频中，大多采用（　　）拍摄，可以让观众看到主播完整的脸部特征和表情动作。

A. 正面方向拍摄　　B. 斜侧方向拍摄

C. 正侧方向拍摄　　D. 背面方向拍摄

3. 以下哪一款软件不属于常用的音频处理软件？（　　）

A. Sound Forge　　B. Wavepad Audio Editor

C. Adobe Audition　　D. 暴风影音

4. OBS 在直播领域被广泛使用，它属于（　　）。

A. 直播辅助软件　　B. 直播控制软件

C. 直播平台自带直播伴侣　　D. 手机直播软件

5. 直播间的整体风格取决于（　　）。

A. 场地的大小　　B. 品牌商的要求

C. 产品或主播的风格　　D. 灯光的布局

三、复习思考题

1. 什么是直播电商？

2. 未来直播电商的发展是怎样的？

项目六 跨境电商

课程思政

学习目标

了解什么是跨境电商，了解跨境电商的法律法规，掌握对跨境电商国外市场分析的方法，具备运用跨境电商学习和发展的能力。

在任务实践过程中：

1. 了解跨境电商的基本概念；
2. 熟悉跨境电商的法律法规；
3. 了解跨境电商运营的环节；
4. 掌握跨境电商国外市场分析的方法；
5. 能够独立完成跨境电商平台的注册任务。

学习路径

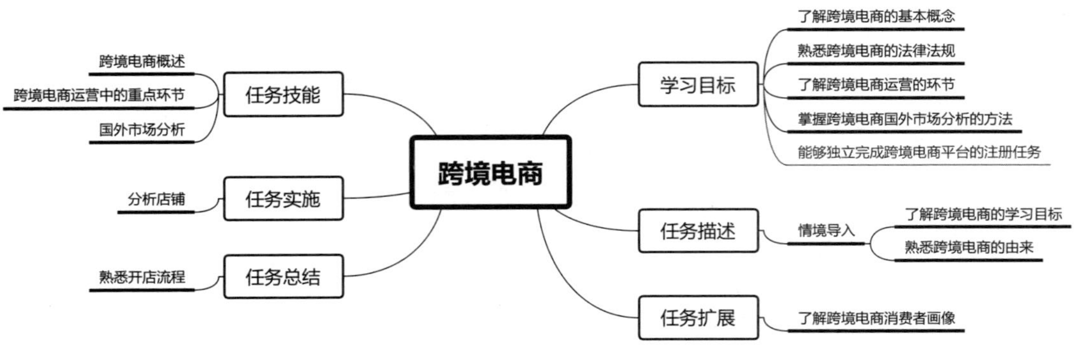

任务描述

跨境电商是在原有成熟的国内电商平台发展起来的，它打破了地域、空间、时间的限制，真正促进了全球自由贸易的发展。

【情景导入】

通过本项目的学习，了解跨境电商的发展史及意义。

【内容介绍】

跨境电商的出现在给全世界不同国家及地区人们带来购物便利的同时，也给传统内销类电商带来了更广阔的市场前景。随着大数据时代经济的发展，人们的日常生活越来越便捷，人与人之间的距离在不断拉近。通过对信息数据的了解和分析，掌握消费者潜在的消费需要和消费刚需，以及消费者的消费能力。在这些数据的帮助下，电商业能够最大限度地利用数据。

【课程思政】

通过学习跨境电商发展史，一方面增强学生对电商行业的自信心，有利于其毕业后将其作为实现自身价值和社会价值的一致选择：另一方面通过学习我国在“丝路电商”中表现出的大国担当，可以增强学生内心深处对祖国的热爱和自豪感，有助于学生在言行举止中自觉维护国家形象和利益。

【效果展示】

跨境电商的诞生是对传统电商行业在全新领域的一次商业变革，同时也对广大电商从业人员提出了更高的专业标准。

任务技能

技能点一　跨境电商概述

一、什么是跨境电商

跨境电商是指分属不同关境的交易主体，通过电子商务平台达成交易、进行电子支付结算，并通过跨境电商物流及异地仓储送达商品，从而完成交易的一种国际商业活动。

二、跨境电商的法律法规

跨境电商作为超越国家及其他组织单一主体范围的一种主流贸易方式，既区别于传统的商务贸易模式，又不同于国内循环模式下的电子商务，且同时兼具运作的独立性、设置的法律性、内容的科学性等显著特征。在此基础上，提升对跨境电商所涉及法律及信息安全问题的认识，提高实践中的操作技能，加强跨境电商理论与实务的结合程度，深化对跨境电商人文、科学、商务等领域的综合研究，掌握其运行的规律性、系统性、合法性，对法律法规的借鉴及商务贸易的发展具有指导性意义。

国家相关部门出台的关于跨境电商和出口贸易的一些相关条例、政策具体如下。

（1）商务部《关于利用电子商务平台开展对外贸易的若干意见》（商电发〔2012〕7 号）提出电子商务平台开展对外贸易过程中的通关、退税、融资、信保等政策性问题。

（2）国家发展改革委办公厅《关于组织开展国家电子商务示范城市电子商务试点专项的通知》（发改办高技〔2012〕1137 号）提出跨境贸易电子商务服务试点由海关总署组织有关示范城市开展跨境贸易电子商务服务试点工作。

（3）国家外汇局《支付机构跨境电子商务外汇支付业务试点指导意见》（汇综发〔2013〕5 号）。业务试点地区如上海、北京、深圳等地开展。

（4）国务院办公厅《关于促进进出口稳增长、调结构的若干意见》（国办发〔2013〕83 号）提出积极研究以跨境电子商务方式出口货物（B2C/B2B 等方式）所遇到的海关监管、退税、检验、外汇收支、统计等问题，完善相关政策。

（5）国务院办公厅《转发商务部等部门关于实施支持跨境电子商务零售出口有关政策意见的通知》（国办发〔2013〕89 号）提出跨境电商出口七条扶持政策。

（6）商务部《关于促进电子商务应用的实施意见》（商电函〔2013〕911号）提出探索发展跨境电子商务企业对企业（B2B）进出口和个人从境外企业零售进口（B2C）等模式，以及加快跨境电子商务物流、支付、监管、诚信等配套体系建设意见。

（7）国家质量监督检验检疫总局《关于支持跨境电子商务零售出口的指导意见》（国质检通〔2013〕593号）针对跨境电商出口提出三条指导意见，包括建立电子商务出口企业及其产品备案管理制度、建立电子商务出口产品全申报制度、创新电子商务出口产品监管模式。

（8）财政部、国家税务总局《关于跨境电子商务零售出口税收政策的通知》（财税〔2013〕96号）明确跨境电子商务零售出口的出口退税政策、条件。

（9）海关总署公告《关于增列海关监管方式代码的公告》（2014年第12号）增列海关监管方式代码“9610”，全称“跨境贸易电子商务”，简称“电子商务”，适用于境内个人或电子商务企业通过电子商务交易平台实现交易，并采用“清单核放、汇总申报”模式办理通关手续的电子商务零售进出口商品。

（10）海关总署《关于跨境贸易电子商务服务试点网购保税进口模式有关问题的通知》明确网购保税进口模式中的试点进口商品范围、购买金额、数量、征税、企业管理等问题。

（11）海关总署公告《关于跨境贸易电子商务进出境货物、物品有关监管事宜的公告》（2014年第56号）进一步明确了跨境电子商务进出境货物、物品通关管理、监管流程。

（12）海关总署公告《关于增列海关监管方式代码的公告》（2014年第57号）增列海关监管方式，代码“1210”，全称“保税跨境贸易电子商务”，简称“保税电商”。

（13）国家外汇管理局《关于开展支付机构跨境外汇支付业务试点的通知》（汇发〔2015〕7号）在全国范围内开展支付机构跨境外汇支付业务。

（14）国家质检总局《关于进一步发挥检验检疫职能作用促进跨境电子商务发展的意见》提出建立跨境电子商务清单管理制度，构建跨境电子商务风险监控和质量追溯体系，创新跨境电子商务检验检疫监管模式。

（15）国家质检总局《关于加强跨境电子商务进出口消费品检验监管工作的指导意见》（国质检检〔2015〕250号）提出建立跨境电商进出口消费品监管新模式，建立跨境电商消费品质量安全风险监测机制，建立跨境电商消费品质量安全追溯机制，明确跨境电商企业的质量安全主体责任，建立跨境电商领域打击假冒伪劣工作机制。

（16）国务院办公厅《关于促进跨境电子商务健康快速发展的指导意见》（国办发〔2015〕46号）提出十二点意见，促进我国跨境电子商务健康快速发展。

（17）海关总署《关于加强跨境电子商务网购保税进口监管工作的函》58号提出未经国家层面批准，地方政府自行设立的跨境电商园区跨境保税业务一律叫停。

（18）国务院《关于同意在北京等22个城市设立跨境电子商务综合试验区的批复》明确了新设的综合试验区，逐步完善促进发展的监管制度、服务体系和政策框架，推动跨境电商在更大范围发展。

（19）海关总署《关于实时获取跨境电子商务平台企业支付相关原始数据有关事宜的公告》该公告要求参与跨境电子商务零售进口业务的跨境电商平台，企业应向海关开放支付相关的原始数据，供海关验核。

（20）海关总署《关于跨境电子商务零售进出口商品有关监管事宜的公告》进一步全面规定了跨境电子商务企业管理、零售进出口商品通关管理等事项。为跨境电子商务零售进出口监管工作提供了详细的法律依据，促进跨境电子商务的健康有序发展。

技能点二 跨境电商运营中的重点环节

跨境电商出口的流程大体为：出口商、生产商将商品通过跨境电子商务企业（平台式/自营式）进行线上展示，在商品被选购下单并完成支付后，跨境电子商务企业将商品交付给境内物流企业进行投递，经过出口国和进口国的海关通关商检后，最终经由境外物流企业送达消费者或企业手中，从而完成整个跨境电商交易过程。

一、物流环节

跨境电商物流包括以下 4 种模式。

1. 传统快递包裹模式

传统快递包裹即邮政包裹，又称邮政小包。邮政小包是目前中国跨境电商物流最主要的物流模式，其特点是覆盖面广，这也是最贴合跨境电商的物流模式。邮政小包覆盖全球超过 230 个国家和地区，几乎可将商品送到每个国家和地区。据统计中国跨境物流包裹有超过 70% 是通过传统快递包裹模式运送的。邮政小包越来越无法满足跨境电商的需求，因为其物流太慢，这严重制约了其发展。

2. 集中发货模式

集中发货模式也就是专线物流模式，一般是通过航空专线将众多同一地区买家的包裹集中发往目的国或地区，再通过当地的合作公司或物流分公司进行配送。由于其集中包裹具有规模效应，同时又多采用空运的形式，因此其物流时效以及运输成本会高于邮政小包，但低于国际快递。

3. 国际快递模式

国际快递模式是速度最快、成本最高的运输方式。其最大的优势在于服务，客户体验极佳。不过因为其高昂的费用，除非特别要求时效或者运输的安全性，否则卖家通常不会主动选择国际快递模式发送商品。因此，国际快递模式占比较小。

4. 海外仓模式

海外仓模式是跨境电商卖家先将商品提前备货到目的国的物流仓库中，待客户在卖家电子商务网站或第三方店铺下单后，直接从海外仓将商品发给客户。这样可以提高物流时效，给客户带来优质的物流体验。不过卖家通常只会选择对热销商品进行海外仓备货。

二、税率环节

根据跨境电商零售进口税收政策，个人单笔交易限值 5 000 元，个人年度交易限值 26 000 元。在限值以内进口的跨境电子商务零售进口商品，关税税率暂设为 0；进口环节增值税、消费税按法定应纳税额的 70% 征收。计算规则如下。

税费＝购买单价 × 件数 × 跨境电商综合税率

跨境电商综合税率＝（消费税率＋增值税率）/（1－消费税率）× 70%

注：一般电商平台的优惠券、满减券仅可抵扣商品金额，商品金额不含税费。税费为电商

平台代征代缴（给国家），如因个人原因退货，税费不予返还（因为海关一般不退税）；如因商品本身问题退货，税费一般由电商平台返还。所以，跨境电商平台一般不支持7天无理由退货。

技能点三　国外市场分析

一、新加坡

新加坡的互联网渗透率高、用户网购的习惯已经形成，移动端是主要的网购渠道。

Facebook和贝恩公司今年发布的一份报告显示，到2026年底，新加坡的电商销售额预计将增长至134亿美元。新加坡电商市场目前仍处于高速发展阶段，值得跨境卖家重点关注。

新加坡电商平台众多，综合型电商平台Lazada（阿里系）、Shopee（腾讯系）、Qoo10、亚马逊新加坡站瓜分了市场上大部分流量。

2017年之前，Qoo10一直是新加坡电商市场的流量之王，平均每月有840万人次的访问量，几乎是Lazada的两倍。

经过市场洗牌，目前新加坡电商流量大部分被Lazada和Shopee占有，用户月活跃量和月访问量最高的是Lazada，下载量最高的是Shopee。

亚马逊是最晚进入新加坡市场的电商平台，得益于其优越的价格和Prime会员服务等优势，其排名一直在稳步攀升。

新加坡银行卡普及率非常高，从而提升了消费者网购体验。80%的消费者表示会用信用卡进行网上支付，信用卡毫无争议地主导着该国支付市场；其次才是PayPal，占比12%；而货到付款和银行转账仅占约4%。

新加坡政府使用“贸易网络”，实现了无纸化通关，涉及贸易审批、许可、管制等通过一个电脑终端即可完成。

虽然新加坡市场在整个东南亚地区的市场占比不算大，但是电子商务人均消费是东南亚地区在线消费最高的国家。对于想要在新加坡开展个人电商事业的人或者是想通过第三方平台合作发展的商家来说，新加坡是一个不错的选择。

二、欧洲

网上交易对欧洲经济的贡献率逐步增长，互联网对欧盟GDP的贡献在迅速增加，尤其是英国，它引领了欧洲电子商务的潮流。除了给GDP做出贡献以外，电子商务同时也为高失业率的欧洲创造了很多就业岗位。

在欧洲，移动电话渗透率超过了100%，这意味着每个人至少拥有一部手机。5.5%的电子商务交易是通过移动设备进行的，这一数字在将来还会大幅提高。移动设备的应用增加了电子银行和电子支付的使用，这改变了移动支付的发展前景，在一定程度上刺激了电子商务的发展，也给消费者提供了更多购买商品和服务的可能性。

欧洲市场能给电子商户提供巨大商机，但是只有27%的欧洲电子零售店主在跨境销售他们的产品；在不同地区，消费者的购买速度和商户的销售速度存在着很大差异。欧洲跨境电子商务买家的主力军是比利时、荷兰、卢森堡等国，这些国家的消费者对于从网上购买国外的东西尤为热衷。

由于相应的税法和物流因素，在线商户似乎还是不情愿做跨境电子商务。尽管如此，欧洲仍是世界上最有潜力的跨境电子商务地区和最有希望成为增长最快的跨境电子商务区。约有 47% 的零售商表示，货物被退回的相关法律条款是影响跨境电子商务最主要的原因。欧盟率先通过实行一个联合的欧洲市场，尝试减少这些阻碍。

欧洲各国不同的法律和监管体系，给零售商所做的承诺带来了更大的成本，同时也破坏了消费者对跨境电子商务的信任。

欧洲电子商务市场可以分为北部成熟市场、南部增长迅速市场和东部新兴市场。一旦资金和物流体系有所改善，东欧市场将会有很大改变。

欧洲立法的多样性，在某些方面阻碍了跨境电子商务的进一步发展。埃森哲对 146 家欧洲商户进行了调研，超过 1/4 的受访者认为，如果能够利用多渠道机会销售在线和跨境物品，他们的销售额会增长 25%。促进在线商务增长，目前已成为欧盟的经常性议题。

电子商务除了会带动经济增长外，还能减少温室气体的排放。超过一半的欧洲前 300 强在线零售商都在跨境销售，欧盟在线买家的数量也在不断扩大。

在欧洲，我们能看到在共同语言驱动下的跨境电子商务环境。奥地利和瑞士会从德国的电子零售商买货，比利时的商店会在法国的网站上卖东西，这些都取决于他们有共同的语言。

三、北美地区

全球约 37% 的跨境在线买家集中在北美地区。美国拥有 1.84 亿在线购买者，是世界上最大的电子商务市场之一。

CyberSource 的调研显示，超过半数的美国电商都从国外接受订单。他们在考虑风险、税率和物流等因素的同时，还会阻止其他商户向美国以外的网购用户出售产品和服务。虽然跨境电商面临着各种挑战，但依然拥有巨大的商机。在跨境运送服务方式中，45% 的美国商户会选择标准邮政渠道，信用卡成为美国在线支付的首选。

虽然最活跃的买家年龄大多在 25~45 岁，但是不需要出门就能进行购物的舒适性还是会吸引 55 岁以上的人，这部分人群正变得越来越习惯网购。在线支付被美国四分之三网购者钟爱，移动支付方式越来越流行。平板电脑逐渐在全球在线买家中流行起来。北美平板电脑用户占全球网购的 47%。通过智能手机或平板电脑网购的人要比通过电脑网购的人多。语言是跨境电商的驱动力，因为在线销售一般开始于搜索，顾客会用自己的母语进行搜索，而搜索习惯是由语言习惯驱动的；关键词是找到信息的催化剂，引导网购者到达指定的网络商店。美国与英国、澳大利亚、新西兰以及邻国加拿大都使用英语，这就消除了电子商务的语言障碍。

西班牙语是美国的第二大语言，亚利桑那州、加利福尼亚州、德克萨斯州、新墨西哥州等地方，有着 3 700 万美国公民说西班牙语。汉语和法语也是美国特定地区的语言，它们可以推动美国与相应语言的地区之间开展电子商务。

加拿大的互联网、手机和银行服务的普及率很高，但由于加拿大地广人稀，物流对于加拿大偏远郊区来说是一个挑战。幸运的是，80% 的加拿大人都生活在离美国边境不出 60 英里（注：1 英里约为 1.60 千米）的地方。加拿大也是美国跨境电商的重要市场之一，因为运送时间可以执行得非常准确。加拿大的税率也比美国要更加优惠。

60% 的加拿大人从美国网购，其中 38% 的加拿大人生活在安大略省。较低的物流费用和较低的汇率，使加拿大居民的网购热情有增无减。加拿大信用卡的渗透率也非常高，81% 的在线支付都是使用信用卡完成的，紧随其后的是使用 PayPal（42%）。这些因素都促进了跨境金融的发展。

任务实施

实训一　跨境电商平台注册流程

下面以东南亚电商平台 Shopee（图 6.1）为例介绍跨境电商平台注册流程。

图 6.1　Shopee

（1）进入 Shopee 线上申请页面，如图 6.2 所示，填写资料，填写好后提交审核，审核时间大概 2~3 天。

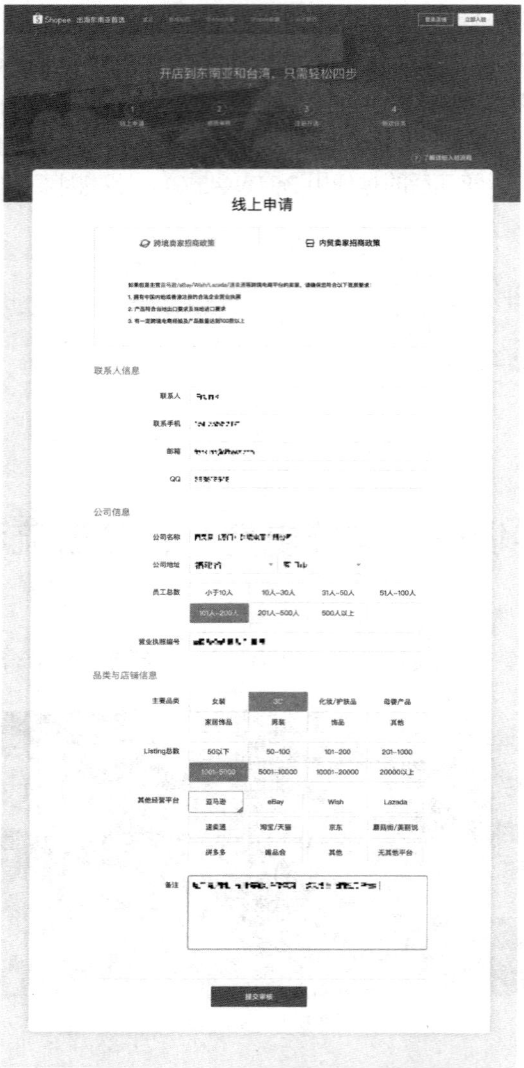

图 6.2　Shopee 线上申请页面

（2）审核通过后会收到官方发送的邮件，邮件中会附上需要填写的资料表格，按照说明添加审核专员的 QQ，如图 6.3 所示。

尊敬的卖家，

您好，我是shopee审核专员Yuci，系统收到贵公司入驻shopee的申请材料，近两天会联系您核实您公司的资质，请您注意接听021-开头的固话的来电，如若您不方便接电，请加我的企业QQ：[redacted]，并备注好公司名，（否则不予通过添加），如未成功请尝试多添加几次。请把以下相关审核材料准备好，通过QQ上传给我，谢谢。

以下需要准备的材料：首站是马来站点。

1.公司的营业执照 （放桌上拍或者拿手上拍，拍完整清晰）

2.法人的身份证正反面照片（放桌上拍或者拿手上拍，拍完整清晰）

3.主营跨境平台店铺链接（已经成熟的平台店铺链接,必须是自己的店铺链接）

4.三个月内订单流水截图 （跨境电商平台，近三个月有总订单量的截图，截图必须截整页）

5.公司办公地址或是退货地址(中文） 6.使用超过3个月的邮箱 （不要163的邮箱！！最好是qq邮箱,收不到开店邮件后果自负哦~）

材料齐全整理在备注公司名的文件或压缩包，请通过QQ递交审核材料

我会尽早协助您注册开店，谢谢配合。

（请勿直接回复邮件！！！麻烦将文件夹在qq上发送给我）

Best Regards

yuci

附件(1)

shopee马来新卖家入驻申...

17KB

图 6.3　官方发送的邮件

(3)添加审核专员的 QQ 后，审核专员会发来消息，提示所需资料(和邮件说明相同)，如图 6.4 所示。

shopee

您好，需要提交的资料：

1.有限公司的营业执照 （放桌上拍或者拿手上拍，拍完整清晰）

2.法 人的身份证正反面照片（放桌上拍或者拿手上拍，拍完整清晰）

3.主营跨境平台店铺链接（已经成熟 的平台店铺链接,必须是自己的店铺链接）

4.三个月内订单流水截图 （跨境电商平台，近三个月有 总订单量的截图，截图必须截整页）

5.公司办公地址或是退货地址(中文） 6.使用超过3个月的邮箱 （ 不要163的邮箱！！最好是qq邮箱,收不到开店邮件后果自负哦~）

以上资料请您放入文件夹并备注好公 司名直接QQ上发送！您看下，如果没有问题今天尽快给我哦！

图 6.4　提交资料

资料准备如下。

①营业执照扫描件，如图 6.5 所示。

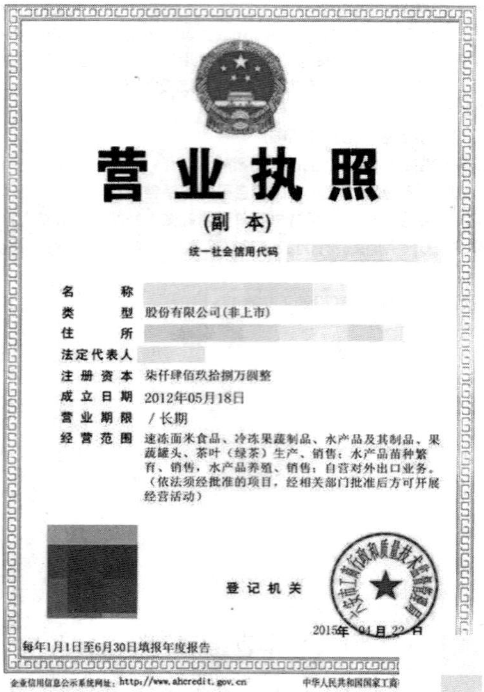

图 6.5 营业执照

②身份证扫描件(正反面),如图 6.6 所示。

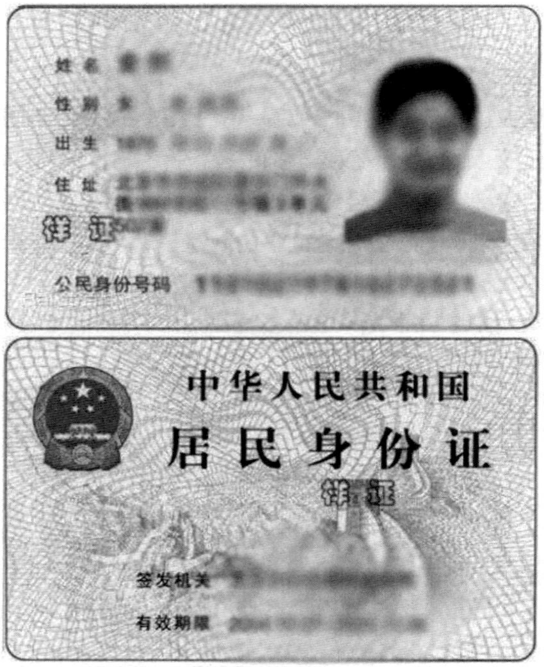

图 6.6 身份证扫描件(正反面)

③主营的跨境电商平台链接。

④三个月内的 Shopee 订单流水，如图 6.7 所示。

Shopee
这里都是按照流水资料数据填写

图 6.7　Shopee 流水

（4）提交后收到提示信息，如图 6.8 所示。

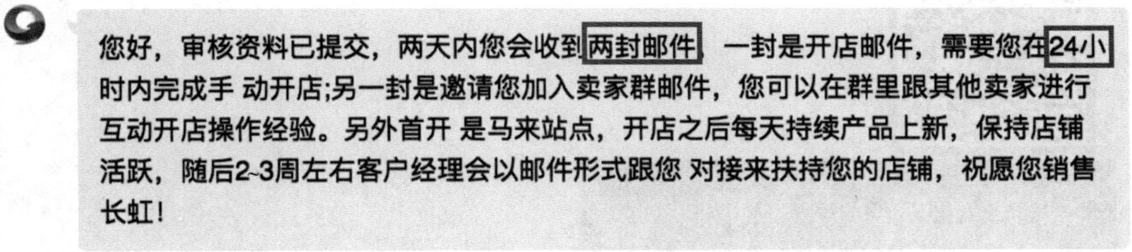

您好，审核资料已提交，两天内您会收到两封邮件，一封是开店邮件，需要您在24小时内完成手 动开店;另一封是邀请您加入卖家群邮件，您可以在群里跟其他卖家进行互动开店操作经验。另外首开 是马来站点，开店之后每天持续产品上新，保持店铺活跃，随后2-3周左右客户经理会以邮件形式跟您 对接来扶持您的店铺，祝愿您销售长虹！

图 6.8　提交后收到提示信息

（5）收到开店邮件，点击“这里”，如图 6.9 所示，跳转至注册链接进行注册。

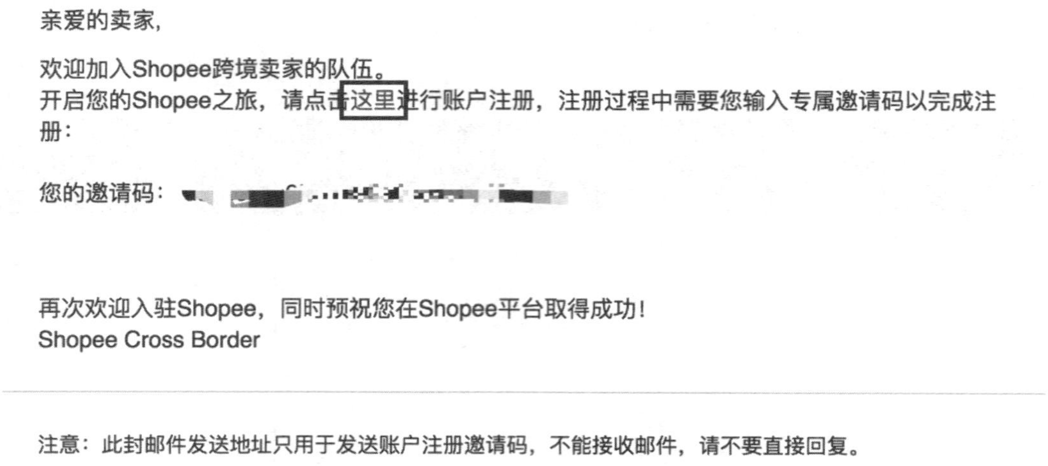

亲爱的卖家，

欢迎加入Shopee跨境卖家的队伍。
开启您的Shopee之旅，请点击这里进行账户注册，注册过程中需要您输入专属邀请码以完成注册：

您的邀请码：[redacted]

再次欢迎入驻Shopee，同时预祝您在Shopee平台取得成功！
Shopee Cross Border

注意：此封邮件发送地址只用于发送账户注册邀请码，不能接收邮件，请不要直接回复。

图 6.9　开店邮件

（6）收到邀请入驻邮件，如图 6.10 所示。

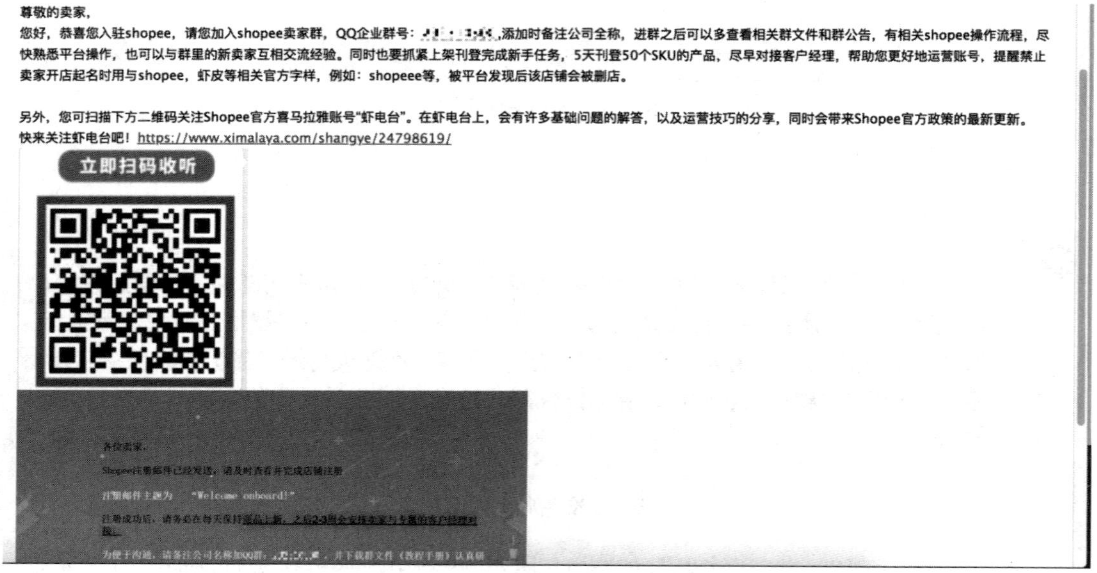

尊敬的卖家，
您好，恭喜您入驻shopee，请您加入shopee卖家群，QQ企业群号：[redacted],添加时备注公司全称，进群之后可以多查看相关群文件和群公告，有相关shopee操作流程，尽快熟悉平台操作，也可以与群里的新卖家互相交流经验。同时也要抓紧上架刊登完成新手任务，5天刊登50个SKU的产品，尽早对接客户经理，帮助您更好地运营账号，提醒禁止卖家开店起名时用与shopee，虾皮等相关官方字样，例如：shopeee等，被平台发现后该店铺会被删店。

另外，您可扫描下方二维码关注Shopee官方喜马拉雅账号“虾电台”。在虾电台上，会有许多基础问题的解答，以及运营技巧的分享，同时会带来Shopee官方政策的最新更新。
快来关注虾电台吧！https://www.ximalaya.com/shangye/24798619/

立即扫码收听
各位卖家，
Shopee注册邮件已经发送，请及时查看并完成店铺注册
注册邮件主题为 “Welcome onboard!”

图 6.10　邀请入驻

（7）注册成功后的页面如图 6.11 所示。

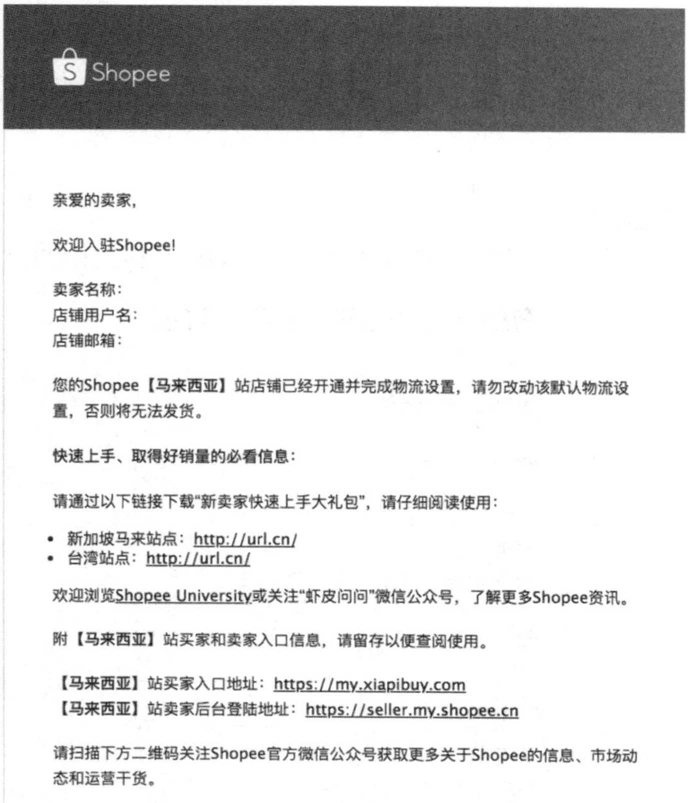

Shopee

亲爱的卖家，

欢迎入驻Shopee!

卖家名称：
店铺用户名：
店铺邮箱：

您的Shopee【马来西亚】站店铺已经开通并完成物流设置，请勿改动该默认物流设置，否则将无法发货。

快速上手、取得好销量的必看信息：

请通过以下链接下载"新卖家快速上手大礼包"，请仔细阅读使用：

- 新加坡马来站点：http://url.cn/
- 台湾站点：http://url.cn/

欢迎浏览Shopee University或关注"虾皮问问"微信公众号，了解更多Shopee资讯。

附【马来西亚】站买家和卖家入口信息，请留存以便查阅使用。

【马来西亚】站买家入口地址：https://my.xiapibuy.com
【马来西亚】站卖家后台登陆地址：https://seller.my.shopee.cn

请扫描下方二维码关注Shopee官方微信公众号获取更多关于Shopee的信息、市场动态和运营干货。

图 6.11　注册成功

Shopee 店铺的后台页面如图 6.12 所示。

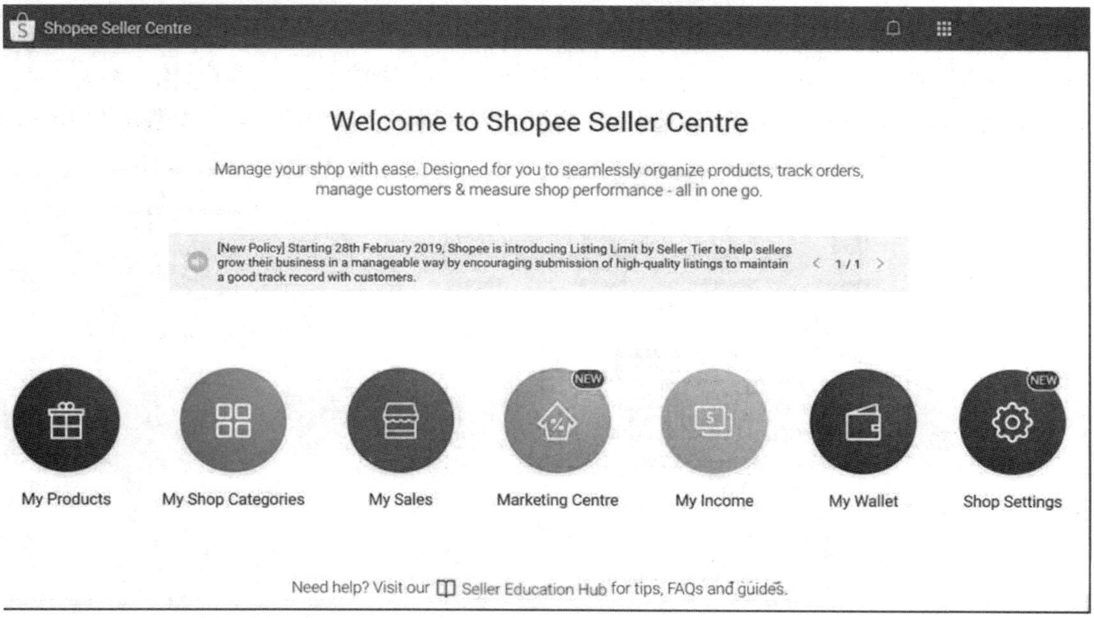
Shopee Seller Centre
Welcome to Shopee Seller Centre
Manage your shop with ease. Designed for you to seamlessly organize products, track orders, manage customers & measure shop performance - all in one go.
[New Policy] Starting 28th February 2019, Shopee is introducing Listing Limit by Seller Tier to help sellers grow their business in a manageable way by encouraging submission of high-quality listings to maintain a good track record with customers.
1 / 1
NEW
NEW
My Products
My Shop Categories
My Sales
Marketing Centre
My Income
My Wallet
Shop Settings
Need help? Visit our Seller Education Hub for tips, FAQs and guides.

图 6.12　Shopee 店铺的后台页面

实训二　全球最大的电商零售平台——亚马逊

亚马逊注册流程如下。

(1)创建新账户，填写姓名(用拼音或英文填写姓名)、邮箱地址、用户密码，如图 6.13 所示。

图 6.13　创建页面

(2)设置亚马逊销售账户。公司用户，使用英文或拼音填写公司注册名称。个人用户，使用英文或拼音填写个人名称。勾选“我已阅读并同意以下文件中的条约”，如图 6.14 所示。

图 6.14　设置账户

（3）填写业务信息（除了邮编，其余信息用拼音或英文填写），如图 6.15 所示。

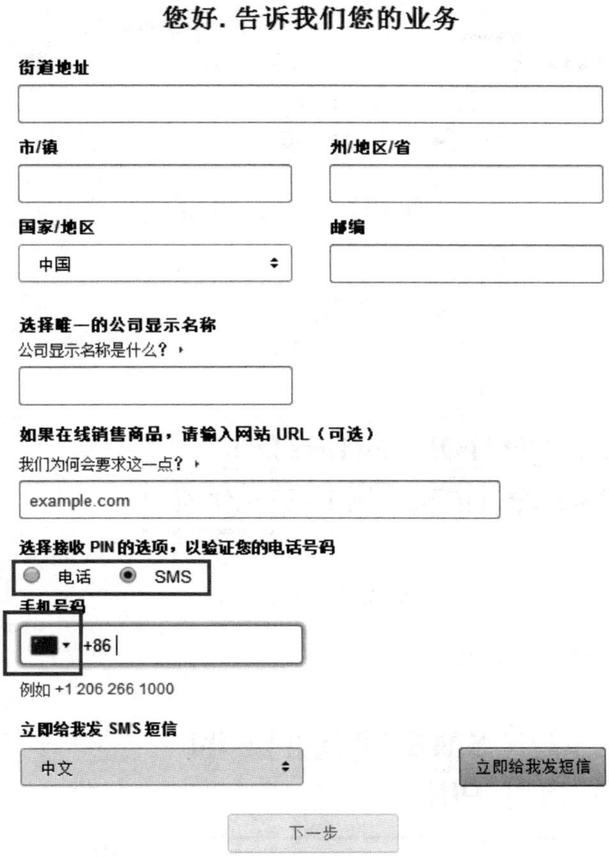

图 6.15　填写业务信息

（4）可以选择用电话或是 SMS（短信）进行验证，如图 6.16 所示。

图 6.16　号码验证

（5）若选择 SMS（短信）进行验证：点击“立即给我发短信”，后会收到如图 6.17 所示的信息。

图 6.17　验证信息

（6）输入验证码，如图 6.18 所示。

图 6.18　提示框

（7）设置计费方式和存款方式，如图 6.19 所示。设置成功后，系统会从信用卡账户上扣除 1 美元。

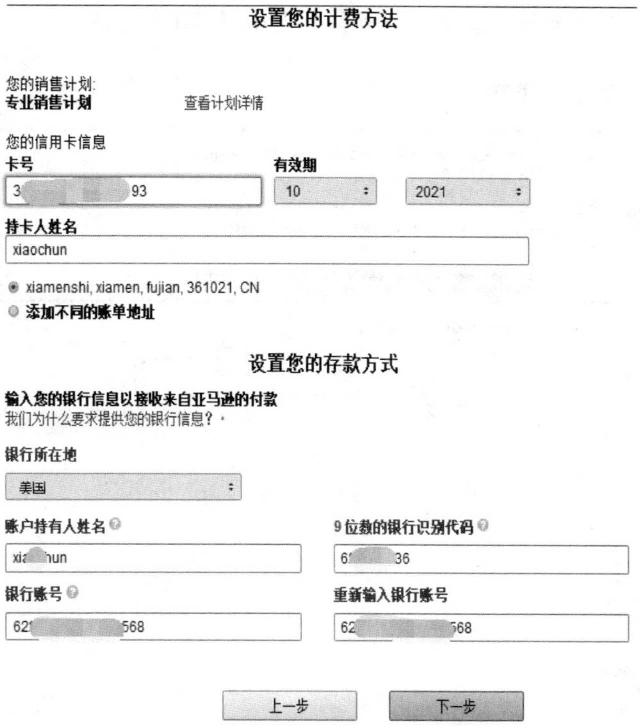

图 6.19　设置计费方式和存款方式

（8）上述信息通过后，进行税务信息调查，如图 6.20 所示。

图 6.20　信息调查

（9）根据注册主体的性质，选择受益所有人类型，如图 6.21 所示。

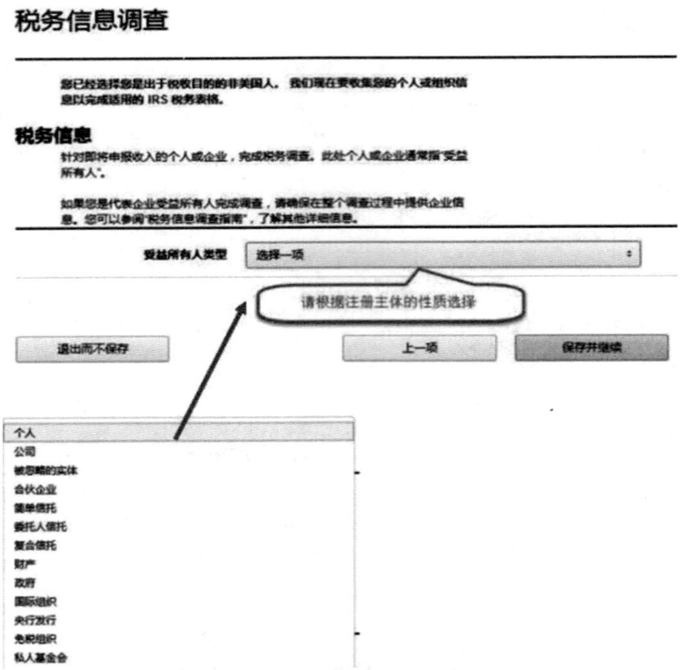
税务信息调查
您已经选择您是出于税收目的的非美国人。 我们现在要收集您的个人或组织信息以完成适用的 IRS 税务表格。
税务信息
针对即将申报收入的个人或企业，完成税务调查。此处个人或企业通常指"受益所有人"。
如果您是代表企业受益所有人完成调查，请确保在整个调查过程中提供企业信息。您可以参阅"税务信息调查指南"，了解其他详细信息。
受益所有人类型
选择一项
请根据注册主体的性质选择
退出而不保存
上一项
保存并继续
个人
公司
被忽略的实体
合伙企业
简单信托
委托人信托
复合信托
财产
政府
国际组织
央行发行
免税组织
私人基金会

图 6.21 选择受益所有人类型

（10）如果是公司账户，要确认公司的邮寄地址，如图 6.22 所示。

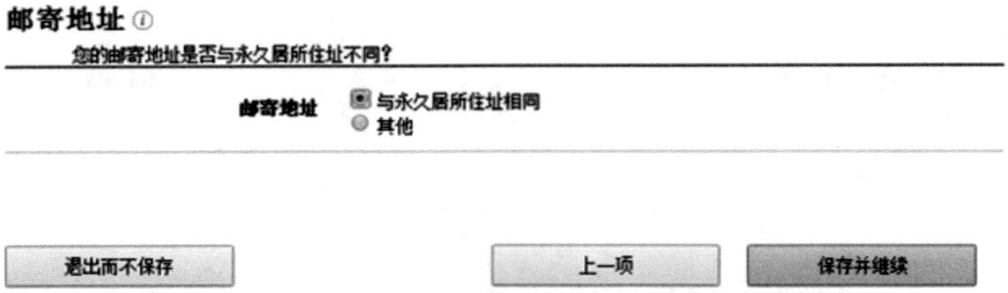
邮寄地址
您的邮寄地址是否与永久居所住址不同？
邮寄地址
与永久居所住址相同
其他
退出而不保存
上一项
保存并继续

图 6.22 确认邮寄地址

（11）确认“ Part I”部分有关账户受益人的信息。如果任何字段有误，返回上一页并修改信息。如信息经检查后无误，点击“保存并继续”，如图 6.23 所示。

（12）勾选“我同意提供我的电子签名”，如图 6.24 所示。

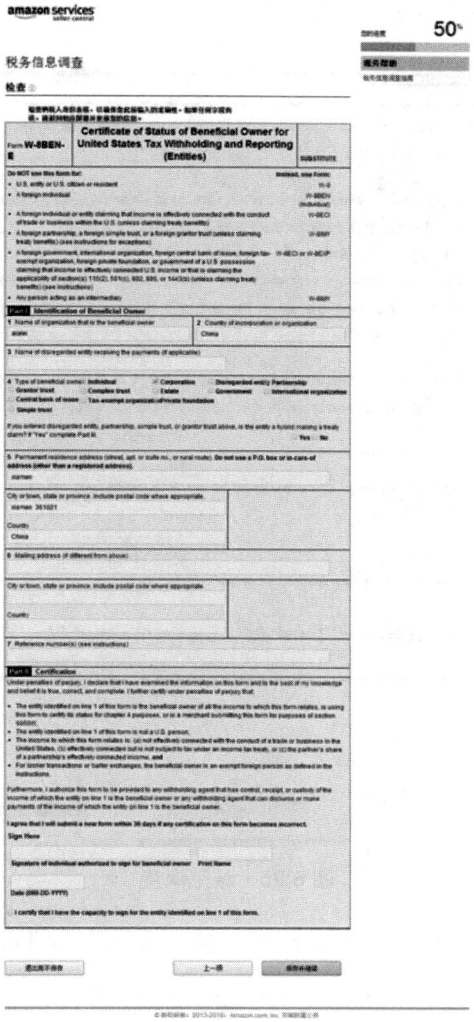

图 6.23　确认信息

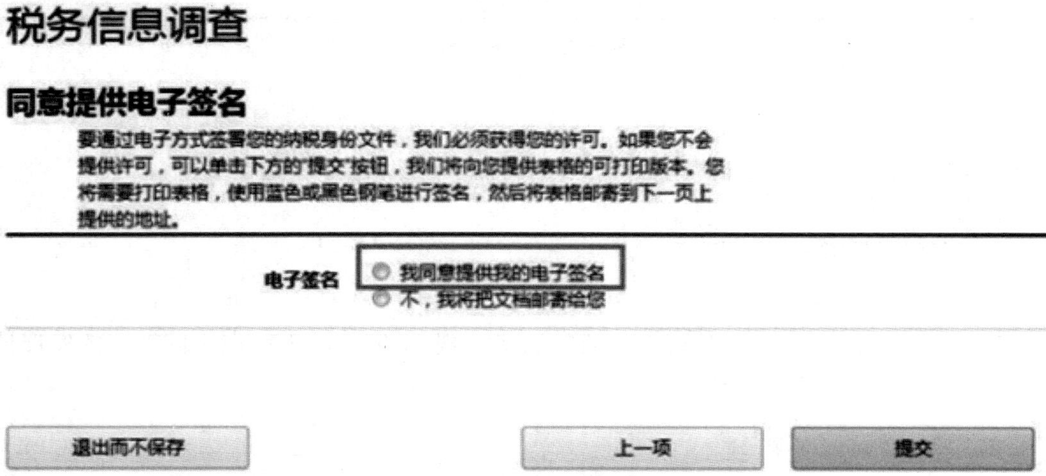

图 6.24　同意提供电子签名

（13）点击“提交”后调查结束，如图 6.25 所示。

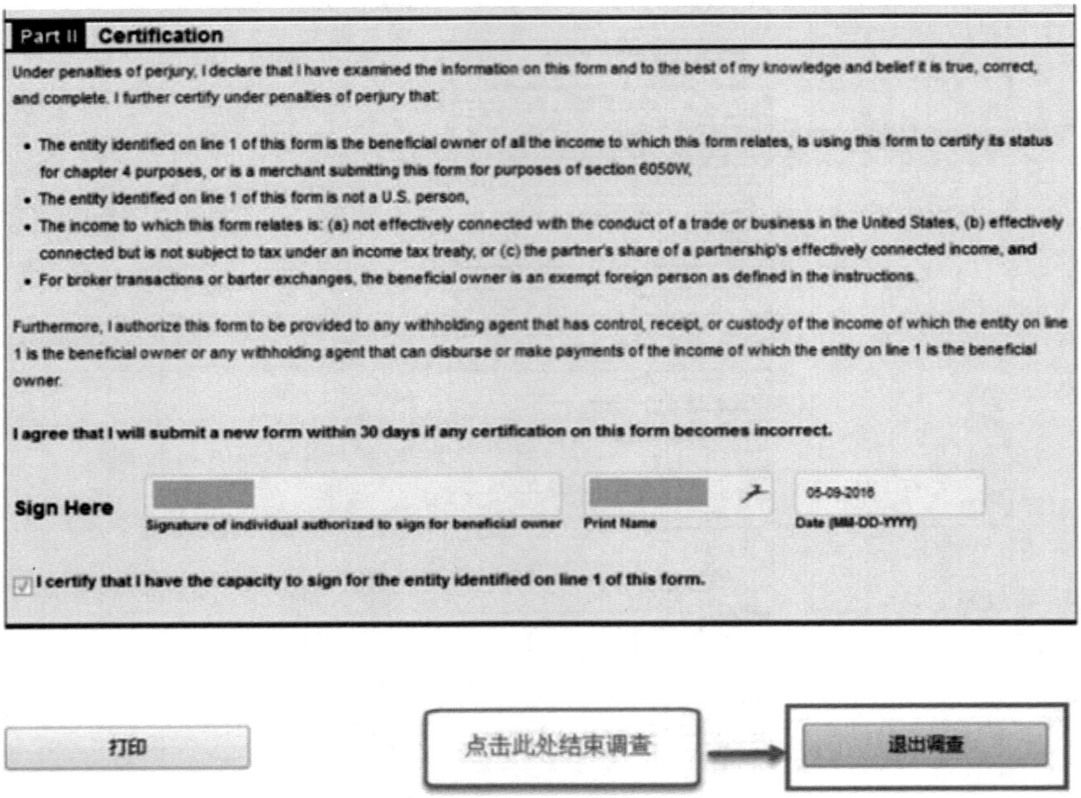
Part II Certification
Under penalties of perjury, I declare that I have examined the information on this form and to the best of my knowledge and belief it is true, correct, and complete. I further certify under penalties of perjury that:
• The entity identified on line 1 of this form is the beneficial owner of all the income to which this form relates, is using this form to certify its status for chapter 4 purposes, or is a merchant submitting this form for purposes of section 6050W,
• The entity identified on line 1 of this form is not a U.S. person,
• The income to which this form relates is: (a) not effectively connected with the conduct of a trade or business in the United States, (b) effectively connected but is not subject to tax under an income tax treaty, or (c) the partner's share of a partnership's effectively connected income, and
• For broker transactions or barter exchanges, the beneficial owner is an exempt foreign person as defined in the instructions.
Furthermore, I authorize this form to be provided to any withholding agent that has control, receipt, or custody of the income of which the entity on line 1 is the beneficial owner or any withholding agent that can disburse or make payments of the income of which the entity on line 1 is the beneficial owner.
I agree that I will submit a new form within 30 days if any certification on this form becomes incorrect.
Sign Here
Signature of individual authorized to sign for beneficial owner
Print Name
05-09-2016
Date (MM-DD-YYYY)
I certify that I have the capacity to sign for the entity identified on line 1 of this form.
打印
点击此处结束调查
退出调查

图 6.25　结束调查

（14）完成上述步骤后，账户注册完成，可以进入卖家中心进行管理了，如图 6.26 所示。

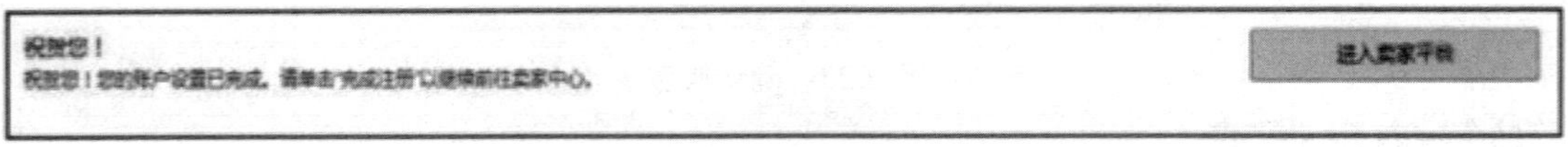

图 6.26　注册完成

任务总结

掌握跨境电商的定义，熟悉跨境电商的法律法规，了解跨境电商在不同地区的发展情况，了解跨境电商平台的注册流程。

英语角

Standard	标准
Provide	提供
Quality	品质
Taxation Affairs	税务
Catalogue	商品目录
Backstage	后台
Specifications	规格
Examine and Verify	审核和查实
Register	注册
Agree	同意

任务习题

一、单项选择题

1.(　　)就是以历史价格为基础，根据不同的市场需求、顾客的需求和消费能力来定价的。

A. 成本差异化定价策略　　B. 市场差异化定价策略

C. 数量差异化定价策略　　D. 顾客承受能力定价策略

2. 在 B2C 跨境电商的几种主要模式中，在核心领域内继续挖掘新亮点的是(　　)。

A. 综合型 B2C　　B. 垂直型 B2C

C. 垂直 O2O　　D.O2C

3. 自 2014 年 1 月 1 日起，对符合条件的跨境电子商务零售出口企业执行(　　)。

A. 消费税、增值税退免税　　B. 关税、增值税退免税

B. 增值税、消费税退免税　　D. 增值税、船舶吨税退免税

4. 海关总署发布了《海关总署关于调整跨境贸易电子商务监管海关作业时间和通关时限要求有关事宜的通知》。根据该《通知》，海关对跨境电商的监管将实现(　　)的作业时间。此外，海关还设下了货到海关监管场所(　　)内办结海关手续的通关时限要求。

A. 工作日时间；一星期　　B. 工作日时间；24 小时

C. 全年无休；24 小时　　D. 全年无休；一星期

5. 海外仓的成本 = 头程费用 + 仓储及处理费 + 本地配送费用，其中头程费用指的是（　　）。

A. 客户货物存储在海外仓库和处理当地配送时产生的费用

B. 货物从中国到海外仓库产生的运费

C. 对客户商品进行配送产生的本地快递费用

D. 以上都不正确

6.（　　）是中国邮政为适应国际电子商务寄递市场的需要，为中国电商卖家量身定制的一款全新经济型国际邮递产品。

A. 专线运输　　B. 国际 e 邮宝　　C. 国际快递小包　　D. 国际商业快递

7. 跨境电子商务弥补了传统供应管理的不足，并延伸到供应商和客户，甚至供应商的供应商和客户的客户，建立的是一种跨企业的协作，覆盖了从产品设计、需求预测、外协和外购、制造、分销、储运到客户服务的全过程。这说明跨境电子商务（　　）。

A. 促进了企业的流程再造　　B. 引起了企业供应链管理的变革

B. 是机构内部的流程再造　　D. 是企业与企业之间的流程再造

二、多项选择题

1. 使用国际支付宝的优势包括（　　）。

A. 多种支付方式　　B. 安全保障　　C. 方便快捷　　D. 品牌优势

2. 阿里巴巴速卖通平台支持以下哪些物流运输方式？（　　）

A. EMS　　B. DHL　　C. 申通　　D. 韵达

3. 目前跨境电商的国际物流主要有（　　）。

A. 邮政物流　　B. 商业快递　　C. 专线物流　　D. 海外仓储模式

4. 中邮大包的优点是（　　）。

A. 成本低　　B. 妥投速度快　　C. 通达国家多　　D. 运单操作简单

5. 国际 e 邮宝的缺点是（　　）。

A. 挂号费贵　　B. 不受理查单业务

C. 不提供邮件丢失、延误赔偿　　D. 只适合 4 kg 以内的货物

6. 海外仓储费用包括（　　）。

A. 头程费用　　B. 仓储及处理费　　C. 本地配送费用　　D. 附加费用

7. 卖家在销售商品的过程中，为预防中差评要保证（　　）。

A. 商品质量　　B. 色差问题　　C. 售后服务　　D. 区别对待买家

8. 在跨境电子商务中，卖家的售后服务很重要，售后服务的具体工作包括（　　）。

A. 客户咨询信息处理　　B. 物流信息及时反馈

B. 管理买家资料　　D. 客户维护与二次营销

9. 跨境电子商务的具体工作内容有（　　）。

A. 网上国际贸易　　B. 企业网络营销业务

C. 新型网络服务商的内容服务　　D. 跨境电子商务创业

项目七　电商行业分析及选品策略

课程思政

学习目标

本项目对电商行业进行分析并侧重讲述运营层面的重点——选品策略。

通过对本项目的学习，了解和掌握选品策略，明白电商选品的重要性，重点掌握国内电商和跨境电商在运营中选品的区别和技巧。

学习路径

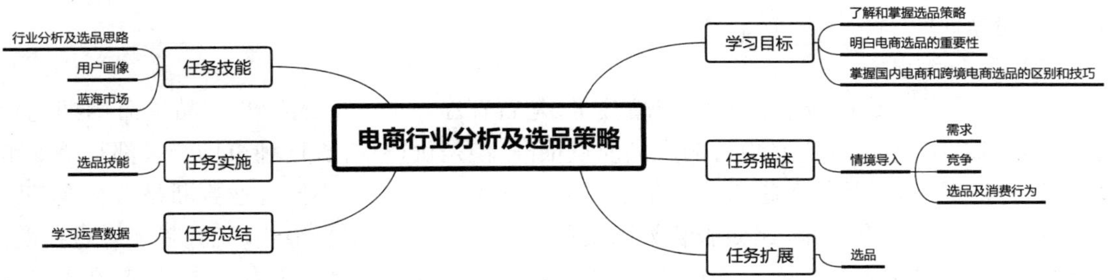

任务描述

电商选品是需要做前期市场调研的。选品之前，只有对电商行业及市场有一定了解，才能在后期产品投放时具备一定的决策力。从以下几项分析行业定位，看竞争产品消费者的需求、竞争、选品、消费行为。

每一项都需要拆分出来看。每个小项，又是一个完整的独立的逻辑系统。

1. 需求

首先是需求，我们要先搞清楚需求是什么。

饿了是需求，欲望是需求在产品上的体现。有的人想吃馒头，有的人想吃火锅，这是不同的需求。

以上道理看似简单，实际操作却非常复杂。面对一个行业，核心需求可能是一样的，但是会有不同的消费者群体，有不同的欲望，这就可能出现细分市场。欲望不同的消费者有不同的特征，这就导致了会有不同的消费行为，以及对产品的不同态度。

想吃馒头的，可能只是想快速填饱肚子，方便，快捷，便宜。想吃火锅的，要求会更多一些，对产品更加挑剔一些。

分析需求，首先要知道，这个行业是否有细分行业。

其次是需求量的概念。

大部分行业的需求量是动态的，我们去看一个行业的需求，看的是一段时间范围内的需求变化，然后对未来的需求趋势做一个预判，比如是平稳的，还是呈下降趋势，还是呈上升趋势，或者是突然的上升或下降趋势。未来的需求量会怎么变化，主要是看使用人数会不会增加，以及会有什么因素刺激，带来需求量的变化。

一个行业，单纯地看需求量大或者小，意义不大，要结合自己的利润目标和竞争优势去看。

对于很多行业来说，需求量的大小以及卖家的多少，并不是判断竞争强弱的唯一指标。

最后是需求弹性的概念。要知道这个行业的需求和价格的关系，价格变化的时候需求是怎么变化的，这个因素会影响整个产品的营销推广策略，以及开发产品的时候，产品的成本控制问题。如果这个行业中消费者对价格十分敏感，那就要考虑产品该如何定位，产品的成本该控制到什么程度。

2. 竞争

（1）竞争维度

竞争，看卖家数量或者行业内产品数量，是否存在垄断。有的行业产品生命周期比较长，产品用途比较单一，而且现有的产品质量很高，但是价格很低，这种市场一般都是垄断市场。这种情况下，新品很难进入。但是这个因素并不是绝对的，不同行业判断是否存在垄断和行业本身的属性有关系，比如服装类以及首饰类，产品款式更新很快，流行趋势一直在变，这种行业在产品端就会一直存在机会，很少存在垄断一说。但是对于有些类目，产品本身的属性比较单一，消费者行为有一定的惯性，就会存在垄断现象，比如说一些实用性的工具类。

它们的区别在于产品本身的属性，这些产品只需要满足消费者的核心需求就可以了，也就是基本的质量问题。

市场分析对于每一个行业来说都是必不可少的环节。通过进行市场分析可以更加清楚该行业在整个市场中的发展现状和发展趋势，也能进一步了解消费者的消费心理和消费需求。电商行业更是不能少了市场分析。我们开拓市场，实现阶段性的销售增长，都需要进行市场分析，只有充分了解企业所处行业的行业容量、竞争格局以及消费人群分布情况，才能发现销售机会点（增长点）。

市场分析优势

在上面的分析中，获得了基于自身产品有关市场的优势，首先说明可以赚钱，然后说为什么可以赚钱，最后说可以赚多少钱，是一个优势描述的答题思路。例如：微信优势是用户数庞大（谁用户数大都可以赚钱），那么就可以赚钱，利用小程序，开发出跳一跳，然后在跳一跳的格子上加广告，引来耐克的关注。一个带耐克 logo 的格子，卖了 2000 万元。

当然，这只是其中一个优势，一个产品应该有很多优势才足以在这个市场上生存下去，列举多个，说明他们的优势，还有为什么有这个优势，有这个优势能干嘛等等。

任何产品都有改进的空间，因为用户不断在变，市场不断在变，你永远不可能知道下一秒会怎样。利用上面分析的劣势或者市场的不足，改进自己的产品，以适应不同的市场阶段、市场规模和用户，达到增加市场份额的目的。

（2）对标竞争

波特五力模型一般出现在电商产品的竞争分析，更加契合交易的流程。

①供应商即上游的供货商，可以理解为电商平台的商家，你的产业链上游。例如：你要从淘宝买床单，先分析供应商有哪些床单厂，他们的经营情况怎样，亏损还是赢利，他们是什么样的商业模式，一套床单成本是多少，利润是多少。

②购买者即一般用户，在电商平台上买东西的用户。例如：购买床单的一般是家庭妇女，要分析他们有什么样的需求，比较看重价格还是质量，愿意付出多少时间、金钱等等。

③潜在进入者是指想进入这个行业却还未进入的公司。例如：一旦一个游戏火了，腾讯就会立即想要进入这个市场分一杯羹，要分析腾讯是什么样的公司，他进入了会有什么样的结果，能抢占多少市场份额等等。

④替代品是指可以替代你的电商的线下商户或者是物流公司。要分析替代品能否全部替代自己，天猫这些线上商城能否完全替代家乐福，有没有自己的核心竞争力。

⑤同行是指竞品，例如淘宝和京东。要分析有多少同行，淘宝和京东在功能和用户上有多少差距，各自有多少用户，未来朝哪个方向发展，等等。

在国内运营要做的事非常多，当然，像成熟一点儿的企业比如说“三只松鼠”这样的大型电商企业，它可以过得轻松一些，它有自己的大型团队和体系，但是大多数运营做的还是比较多，新媒体运营，去专门引流，搞一个粉丝团什么的，通过各种渠道推广。

跨境电商比国内电商所需要适应的规则更多、更细、更复杂。跨境电商除了借助国内的平台经营，还可能在国外跨境电商平台上开展交易，各个平台均有不同的操作规则。

跨境电商要以国际一般贸易协定为基础。跨境电商要及时了解国际贸易体系、规则、进出口管制、关税、政策的变化，对进出口形式也要有更深入的了解和分析能力。

任务技能

技能点一　行业分析及选品思路

一、选品思路及步骤

选品要考虑以下问题。

（1）当前市场趋势如何？该做哪类市场？是国内市场还是境外市场？

（2）热门品类有哪些？产品结构有哪些特点？各平台主投品类有哪些？

（3）热门投放渠道有哪些？不同渠道的用户画像是什么样的？

投放渠道和电商平台如图 7.1 所示。

图 7.1　投放渠道和电商平台

在电商行业分析中，需要花一些时间收集“各平台主投品类”和“用户画像”的数据和信息。对于这类数据，首先可以了解一下电商的大盘趋势。通过 DataEye-EDX 了解行业的商品销量、在售商品数、素材新增数等，如图 7.2 所示。商品品类的趋势和投放渠道的数据也很有必要收集。如图 7.3 所示，通过分析可以看出目前热门的品类为美食特产和服饰装配、家居家装。

其次，借助品类新增商品数以及商品数等数据综合分析，可对行业的细分品类竞争情况有大致的了解。例如某品类销量大，但实际上在售商品数并不多，那就代表其入场空间较大，难度较小，如图 7.4 所示。

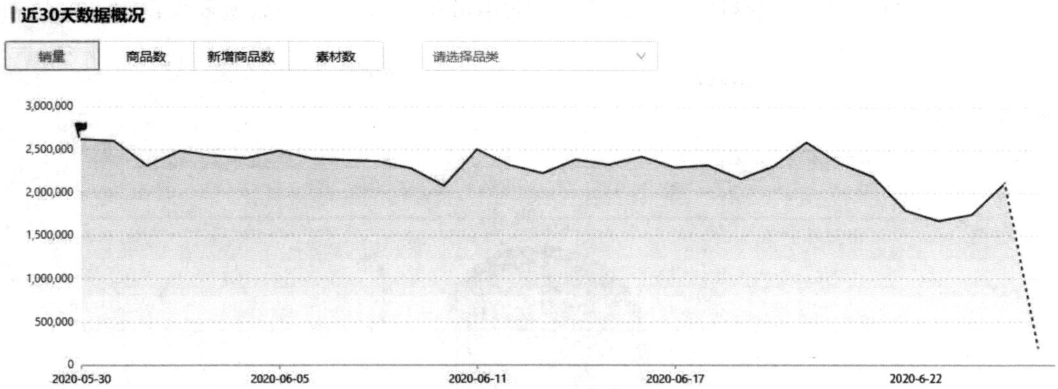

图 7.2　数据概括

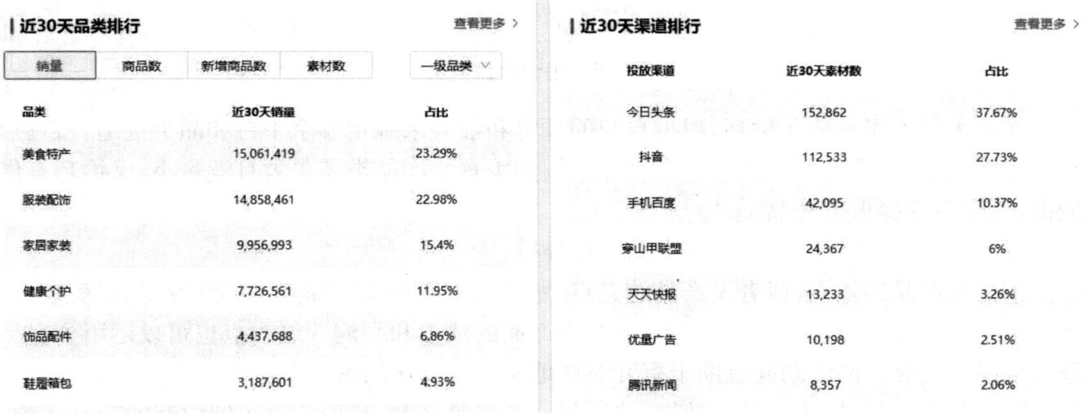

近30天品类排行　查看更多 >

销量 | 商品数 | 新增商品数 | 素材数 | 一级品类

品类	近30天销量	占比
美食特产	15,061,419	23.29%
服装配饰	14,858,461	22.98%
家居家装	9,956,993	15.4%
健康个护	7,726,561	11.95%
饰品配件	4,437,688	6.86%
鞋履箱包	3,187,601	4.93%

近30天渠道排行　查看更多 >

投放渠道	近30天素材数	占比
今日头条	152,862	37.67%
抖音	112,533	27.73%
手机百度	42,095	10.37%
穿山甲联盟	24,367	6%
天天快报	13,233	3.26%
优量广告	10,198	2.51%
腾讯新闻	8,357	2.06%

图 7.3　品类排行

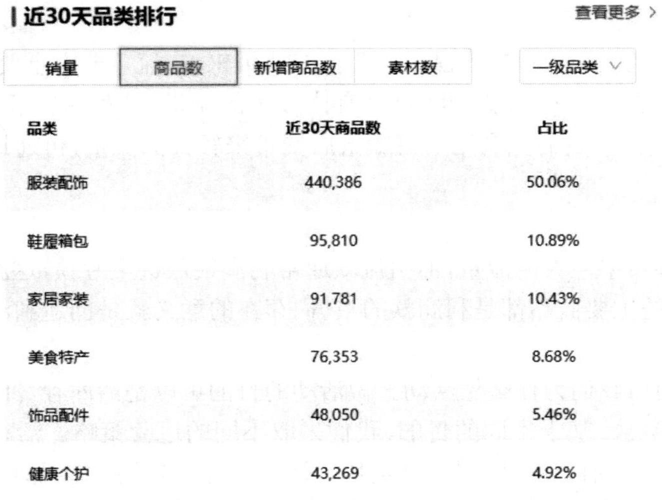

近30天品类排行　查看更多 >

销量 | 商品数 | 新增商品数 | 素材数 | 一级品类

品类	近30天商品数	占比
服装配饰	440,386	50.06%
鞋履箱包	95,810	10.89%
家居家装	91,781	10.43%
美食特产	76,353	8.68%
饰品配件	48,050	5.46%
健康个护	43,269	4.92%

图 7.4　近期品类排行

同理也可分析平台的大盘情况，观察各平台的销量和商品数，商品数愈多代表竞争愈大，如图 7.5 所示。

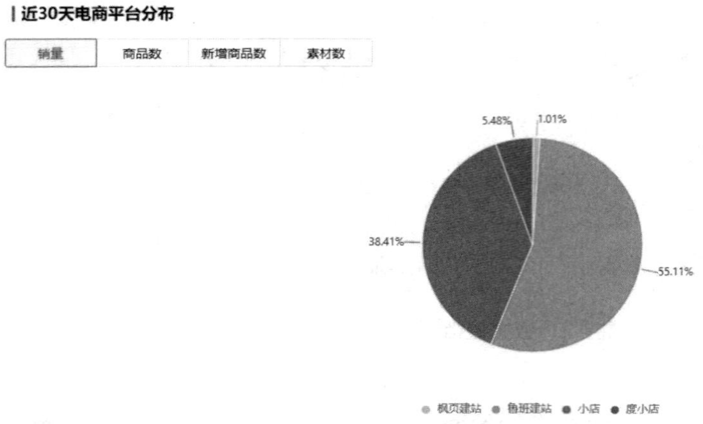

图 7.5　平台大盘情况

在对大盘有了一定了解后，根据自身的预算和经验来确定哪个平台和品类更适合自己。有了大致的方向，选品自然也就有了目标。例如美食特产品类需求大且竞争小，又恰巧有供应链，就可以选择做这个品类。

以美食特产品类为例，对所选商品进行分析。

①分析产品的卖点，或者说产品的亮点，做到直击用户购买痛点；②分析产品的受众，也就是市场需求；③分析产品是否应季；④分析产品的成本和利润。这四点也可以运用到竞品分析当中。把握竞品的动向有助于有针对性地制定差异化的营销方案。

选品其实不算难，难的是找数据、找情报。在选品之前，我们需要了解电商的商品结构。电商商品一般分为形象款（塑造店铺形象）、引流款、活动款、利润款和垃圾款（没利润没流量）。下面主要介绍引流款、利润款和活动款。

1. 引流款

引流款即主推的吸引流量的产品。对于一个店铺来说，流量非常重要，而引流款是店铺非常大的流量来源之一。引流款的特点是有比较大的流量，毛利率较低（也有可能是亏损的），产品转化率较高。我们先利用引流款给店铺带来较大的流量，再通过关联销售为其他产品导流。

2. 利润款

引流款给店铺带来巨大的流量，但引流款通常利润很低甚至亏损，这就需要利润款给店铺带来利润，店铺的主要商品都是利润款的，它们存在的意义就是创造利润。

3. 活动款

首先我们要明白我们为什么做活动。做活动的目的可以是清库存、冲销量，也可以是宣传品牌提升店铺热度。基于不同的目的，我们采取不同的运营策略。活动款就是为了活动而打造的，它不是日常销售款，和引流款类似。活动往往使价格敏感人群冲动消费，从而导致这类商品的差评与售后率很高。这类商品不适合日常销售，其主要作用是提升店铺的热度，为店铺引流。市场促销活动指标如图 7.6 所示。

选品品类中的风控类指标即不可控的因素中的重要类指标，如图 7.7 所示。

通过百度指数、谷歌趋势等调查市场，了解竞品的数据，从而对市场进行分析并选品。市场竞争指标如图 7.8 所示。

图 7.6　市场促销活动指标

跨境电商选品思路如下。

面向的客户群体不同：因不同的国家和地区的宗教习俗和消费习惯不同，跨境电商选品时要注意迎合当地消费者的习惯。

销售渠道不同：跨境电商平台对可售卖的商品品类有着严格的规定，选品要符合所经营平台的政策和法规。

蓝海类目商品特征如下。

（1）竞争小：市场上的卖家还比较少，竞争相对小一些。

（2）投入少：资金投入相对小一些，不用投入太多去抢流量。

（3）需求大：市场需求旺，特别是刚需的产品。

（4）要求小：运营能力要求低，只要选对了产品，具备基础运营能力就可以。

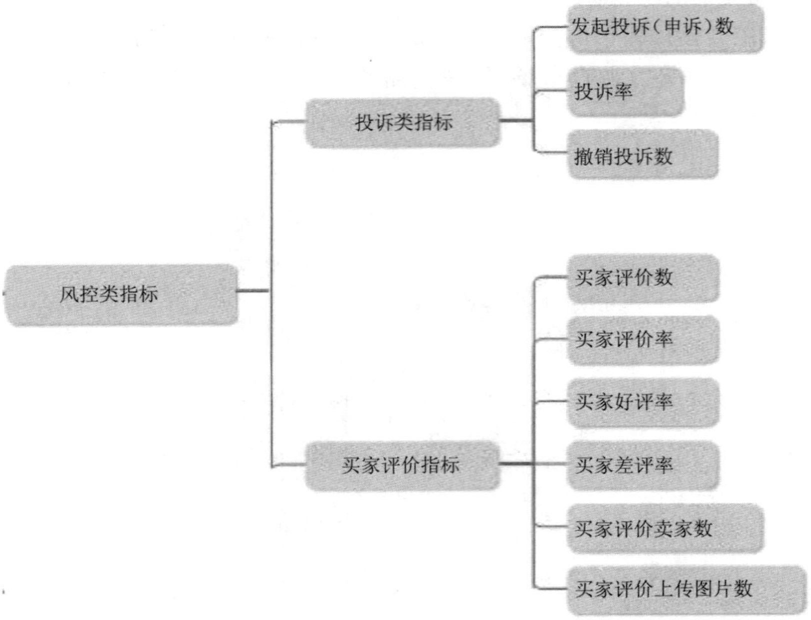

图 7.7 风控类指标

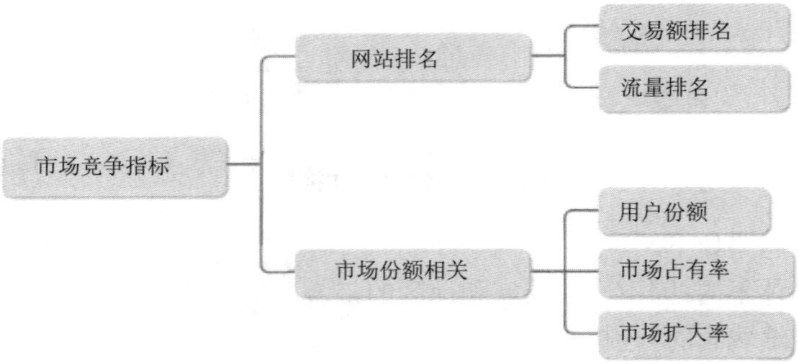

图 7.8 市场竞争指标

下面以亚马逊为例介绍选品依据。亚马逊选品有以下 3 点依据。

1. 按平台特性选品

不同的平台有不同的特点，我们要知道平台的商业理念是什么，哪些品类是热销的，哪些品类是平台大力扶持的，知道哪些商品容易获得推荐等。

2. 上游货源是首选

做出口跨境电商，最好选择一手货源，而非各级代理商货源。若没从生产商进货，那么将难以保证足够的价格优势，甚至无法获得合理的利润。

3. 是否涉及侵权

除了考虑产品的体积、重量和价格外，还需要考虑产品的物流和品牌授权。选品倾向于选择体积小、重量轻、款式多、更新快、功能不复杂、客单价高、不难运送、物流成本不高的产品。更重要的是，应选择正规的供应商，避免侵权问题。

技能点二　用户画像

一、用户画像分析

用户画像又叫用户标签，是对用户在互联网上留下的种种行为数据进行主动或被动收集后，通过数据加工分析，产生的一个个标签。比如“男性”“90 后”“白领”“喜欢购买电子产品”“月工资 15 000”元等。

用户画像的内容很宽泛，只要是对用户的认知，都可以称为用户画像。但你所认知的这些人必须是你的典型用户，他们用相似的方式使用你的产品、服务或消费你的品牌。

用户标签如图 7.9 所示。

图 7.9　用户标签

2. 用户画像的作用

用户画像的作用包括以下三点。

1）精准营销

用户画像的产生，改变了传统的运营思路，从简单粗暴式操作到精细化运营，将用户人群进行分层，再通过短信、push、推文等手段，刺激用户对产品的使用、下单，或对用户进行召回等。

2）广告投放

品牌处于业务高速发展期时，需要对外大量曝光。由于推广预算有限，在渠道的选择上，就希望有更多自己典型的用户进行推广，这时就要用到用户画像了。

3）数据分析

建立数据仓库，利用各个标签将各个数据系统打通，然后制作用户画像，这样精细化的推送策略才是完美的。用户画像分析如图 7.10 所示。

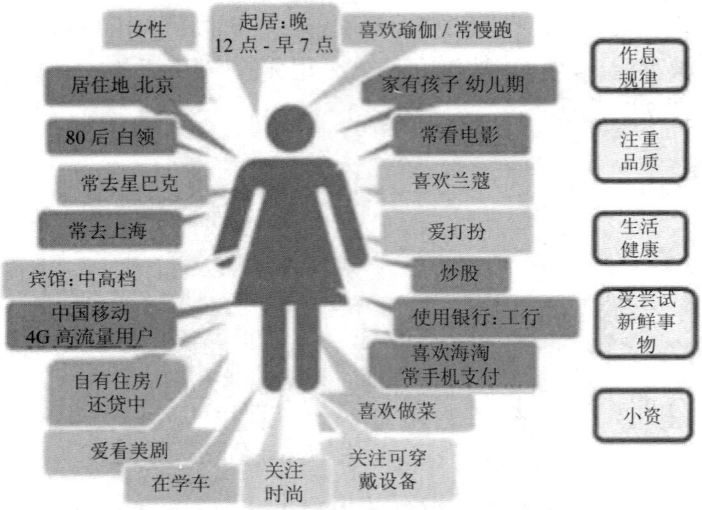

图 7.10　用户画像分析

二、用户画像的要点

人群画像的要点具体如下。

1）人群性别

明确目标客户是男性多，还是女性多，这样就可以在条件具备的使用场景下，针对性别投放广告。

2）年龄

知道买家年龄后，可以精准定位商品价格，按照年龄的喜好设置产品详情页，制订对应的营销计划。

3）在线时间

在线时间就是买家集中购买商品的时间。从“生 e 经”可以查看过去七年内任何一个月在线时间和店铺所在类目的历史的一个月的在线时间；从“生意参谋”可以查看实时概况，找出对比时间取样，以及查看自己店铺一段时间的在线时间。把直通车投放时间控制在客户在线时间里，最好能加价投放关键词，使排名靠前；在在线时间段过后下架，可以节省运营成本。

4）地域

“直通车”可以进行流量解析，通过“数据透视”查看一周地域分布，通过“聚星台”可以查看已买到产品的客户地域和客户分析。

5）购物习惯

购物习惯是指搜索某个关键词的买家所具备的购物分类特征。若知道买家的购物特征，就能够很好地找到目标客户买家，分析出消费者的购物特征。

6）消费层级

所谓消费层级是指平时在淘宝购物，喜欢花多少钱来购买你的同类商品，消费者消费价格在哪个区间段。商品价格一定要符合人群消费的产品定价策略，在合理的区间段内设置。

7）淘气值

淘气值只有买家才有，是淘宝网衡量买家活跃度与购买产品关联度的一项指标。

8）账号等级

账号等级是指淘宝买家的账号等级，买家账号等级越高，其所购买产品排名越靠前。

9）会员级别

天猫会员级别为 T1~T6。淘宝会员级别为 V1~V6。

10）浏览习惯

浏览习惯是指买家购物时所产生的浏览行为，包括加入购物车、加入收藏、点击客服咨询、静默下单、分享、微淘动态关注到你。只有做到精准分析用户浏览习惯，才能精准销售产品。

三、用户画像的维度

将用户画像的 10 个要点在线上进行聚类整合，汇总出 3 个维度，从而勾勒出目标用户的群体特性，这被称为“受众定向”。在线上研究用户画像主要围绕商品的运营数据，获取用户的基本信息和用户在商品中的网络行为，并进行差异化组合分群。

用户画像根据先后顺序依次可分为 3 个维度：信息画像、行为画像、分群画像，如图 7.11 所示。

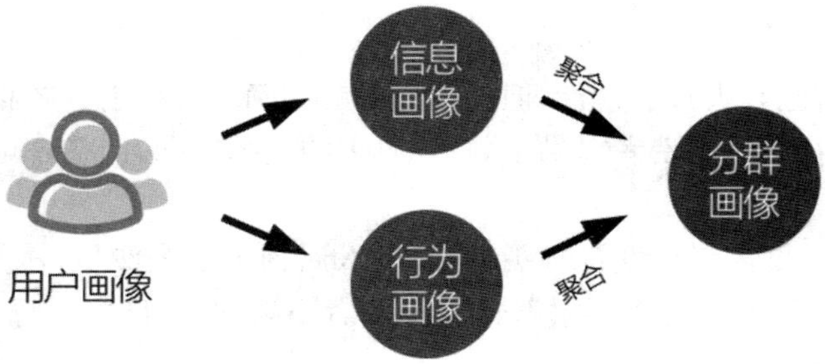

图 7.11　用户画像 3 个维度

信息画像即用户的基本信息，属于静态数据，包括地域、性别、收入、婚否、家庭、职业、收入、资产、消费水平等。

行为画像即用户在购买产品中的网络行为，又叫动态数据，包括用户的浏览习惯、访问时长、使用频次、消费记录、喜欢偏好、行为轨迹等。

分群画像即细分用户群体，根据产品业务的需求，将具有共同业务特性的用户贴上标签，聚合标签划分群体画像。

1. 消费行为分析

网络购物行为与传统购物行为一样，有着明确的购买动机。分析网上顾客的购买动机，有助于企业和商家有针对性地进行网上促销，扩大销售。

常见的顾客购买动机有以下 4 种。

（1）求实心理动机。以追求商品的实际使用价值为主要目的，核心是“实用”和“实惠”。这类顾客购买商品时注重商品的品质、效用和售后服务，是中档和大众商品的购买者。

（2）求新心理动机。求新心理在当前网络购物中处于主导地位。这类顾客富有激情，渴望变化，容易受到广告宣传和流行趋势的影响，注重商品的造型和款式的时尚性，常有即兴购买的行为，是时尚商品和先锋商品的主力购买者。

（3）求美心理动机。这类顾客具有一定的审美情趣，注重商品的本身造型，是工艺品和高档服饰的主要购买者。

（4）求便心理动机。网络提供 24 小时服务，不受节假日、营业时间和天气变化的限制，顾客可以随时查询所需资料或者完成购物，时间短、程序简便。这类顾客是分析型顾客或以缩短购物时间为目标的顾客。

2. 购买类型分析

根据消费者在完成购买行为时的目的是否明确，可将消费者购买行为分为以下几种类型。

1）确定型

消费者通过对商品的确定性的了解，完全明确商品的名称、型号、规格、颜色、款式、价格等信息，在互联网上搜索到商品后，当商品满足其所有需要时，就会确定购买。此种消费者往往是在实体店试用满意后，由于价格或款式、颜色等因素不能完全满足其购买要求，才在网络上寻找有关商品，当搜索到的商品能够完全满足其需求时，就会确定购买。此时，购物满意程度较高。

2）半确定型

消费者在购买前已有大致的目标，但此目标不够明确。此种消费者犹豫期较长，电子商务的便利和快捷性，往往给消费者提供了更多、更大的选择空间，消费者可在充分比较后，完成购买。

3）不确定型。消费者完全没有购买目标，进入店铺主要是浏览，漫无目的地了解商品信息。电子商务时期，由于“逛街不累”，此类消费者不断增多，许多人每天都上购物网站浏览，随机购买的机会有所增加。

五、消费者分类

1. 普通消费者

普通消费者泛指平台或者商铺的所有潜在顾客，他们还没有产生过消费行为。对于这一部分潜在客户，我们需要做的运营工作主要是通过新用户折扣优惠活动来引导这批消费者在平台产生第一次消费行为，进而转化为平台的会员用户。

2. 顾客/客户

在商铺产生过至少一次消费行为的消费者即顾客。作为顾客但不是会员的情况一般来说是针对实体门店的，因为对网络平台来说，通常用户在购买商品产生消费行为之前即需要注册成为平台的会员用户。针对这一部分群体，对于线下门店我们可以在顾客消费结束之后进行门店的会员优惠折扣内容推荐，引导顾客注册成为会员。

3. 新会员

新会员即刚刚激活成为商铺或者平台会员的顾客。对于新会员，我们往往希望他们能够更加活跃，从而产生二次甚至多次消费行为。跟大家分享一个新会员促进二次消费的运营方法，比如我们在给新注册会员赠送优惠券或者打折时，可以限定其只有在第二次消费时方可生效。

4. 活跃会员

活跃会员是指最近三个月内有过消费行为的会员。对于平台的活跃会员，我们可以通过 FineBI 工具使用二八分析方法，找出为平台带来 80% 价值的核心会员用户，对其给予更好的服务和资源倾斜。用户分析如图 7.12 所示。

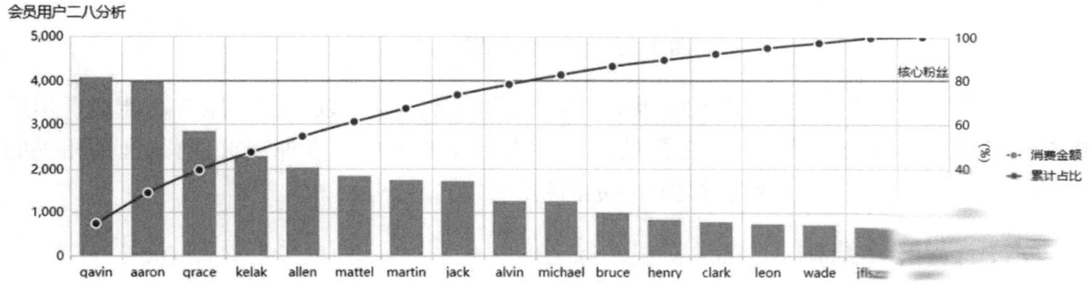

图 7.12　用户分析

5. 睡眠会员

最后一次消费行为在最近的 7~12 个月内，已经睡眠了 6 个月的会员用户。对于这部分会员用户，我们可以进行定向的睡眠用户唤醒运营，通过邮件或电话推送相关最新优惠活动，以期唤醒部分睡眠用户。

6. 流失会员

流失会员是指流失最近 1 年以内都没有产生过消费行为的会员。对于这部分客户，除了需要进行类似睡眠用户的唤醒运营外，还需要推出具有直接吸引力的优惠规则方有可能成功召回部分流失会员，例如可以针对超过 1 年没有产生消费行为的流失会员出台大幅度优惠活动以期召回部分流失会员。

我们可以通过 FineBI 工具中的漏斗图来进行某个月的会员生命周期数据分析，如图

7.13 所示。对于平台来说，最关注的是平台的用户增长情况，那么通过漏斗图可以看出，平台的新会员为 5%，而流失会员却占了 8%，这意味着这个月的会员减少率为 3%。这是一个非常危险的信号，对于这部分流失的会员，我们需要分析平台目前存在的问题。平台睡眠会员也较多，需要考虑做一些有助于睡眠会员唤醒的运营活动，改善平台会员结构。

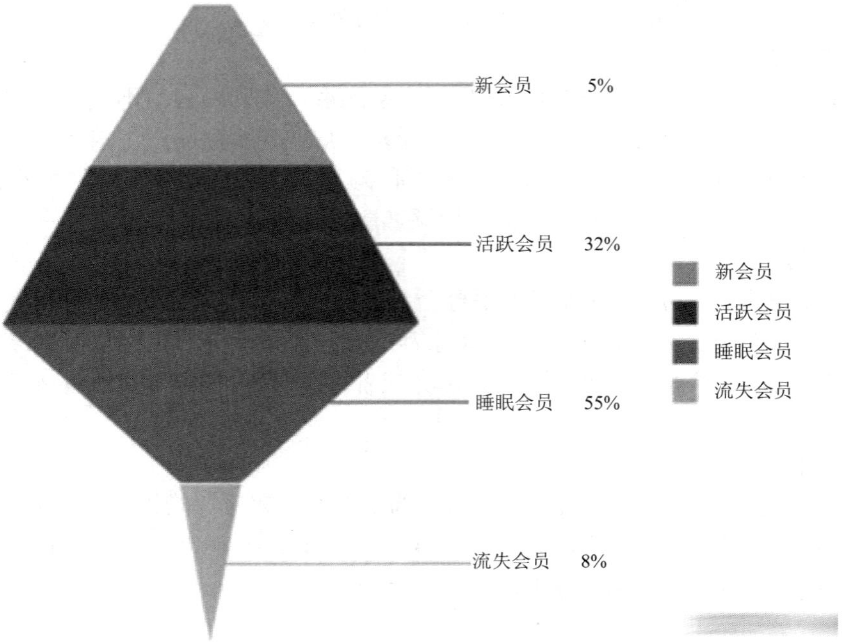

图 7.13 会员生命周期分析

根据既有客户过去的消费喜好，提供更高价值或者其他用以加强其原有功能或者用途的产品或服务以及交叉营销（从客户的购买行为中发现客户的多种需求，向其推销相关的产品或服务）方法，然后有针对性地进行定向精准营销。

六、消费群体结构

以下从国内电商和跨境电商两个领域介绍消费群体结构。

1. 国内电商

大部分消费者分布在东部沿海地区。广东、上海的消费群体约占跨境消费总量的四分之一，这与东部沿海地区经济发展、人们收入水平和消费观念密切相关。由于地理因素，东部沿海地区人们接受新事物的能力很强，愿意接触新产品。这些综合因素使得沿海地区消费者的网络购物水平整体偏高。近年来，这一趋势开始向内陆城市延伸，二三线城市的网络购物水平开始呈现上升趋势。

2. 跨境电商

与国内网购群体相比，跨境平台网购消费者普遍具有高工资、高学历、高收入的特点。这显然不同于国内的网络用户群。国内网购群体的年龄差距较大，而跨境电商网购群体的年龄为 30~40 岁。他们学历高、收入可观，这也使得跨境电商消费者的整体网购水平高于其他网上购物平台。

跨境电商消费者生活、工作相对稳定，购物意愿较强。跨境电商消费者普遍具有工作压力小、收入稳定、工作稳定的特点，因此他们有更多的时间上网浏览或选择自己需要的东西。此外，由于家庭环境稳定，大多数消费者倾向于购买家居用品或母婴用品。这是生活的必需品，所以购买率会比较高。

随着"一带一路"倡议的推进，电商行业得到空前的发展，中国电商贸易已经作为中国在世界上的一张名牌，逐步走进世界各国人民的生活。

七、买家市场及地区分析

从全球跨境电商行业发展情况看，市场规模整体保持持续增长态势，未来线上购物在全球范围内将越来越普及。全球零售电商销售额从 2014 年的 1.34 万亿美元增长到 2019 年的 3.54 万亿美元。

2014—2021 年全球零售电子商务销售额及增长趋势如图 7.14 所示。

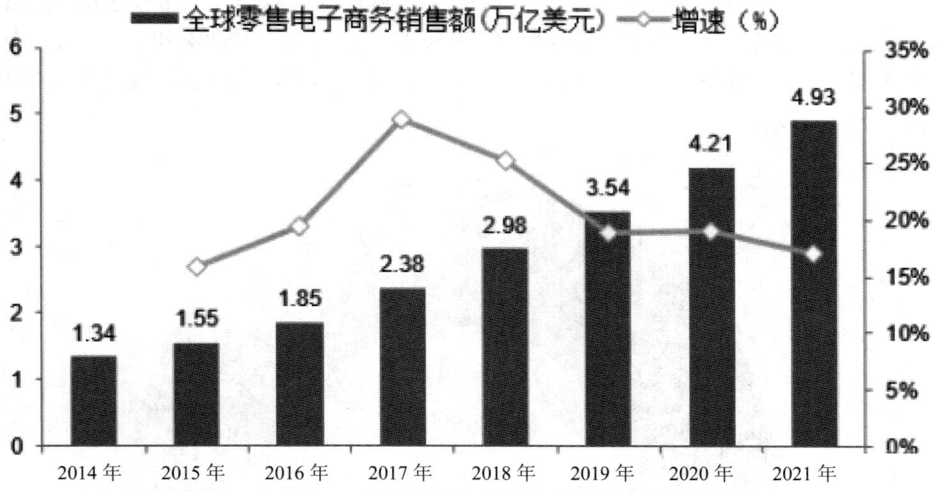

图 7.14　2014—2021 年全球零售电子商务销售额及增长趋势

在互联网的高速发展下，我国电子商务行业交易金额逐年增长，据商务部数据显示，2020 年全年电子商务交易额为 37.21 万亿元，同比增长 6.9%，2021 年上半年达 9.61 万亿元。

2011—2021 年上半年中国电子商务交易额统计情况如图 7.15 所示。

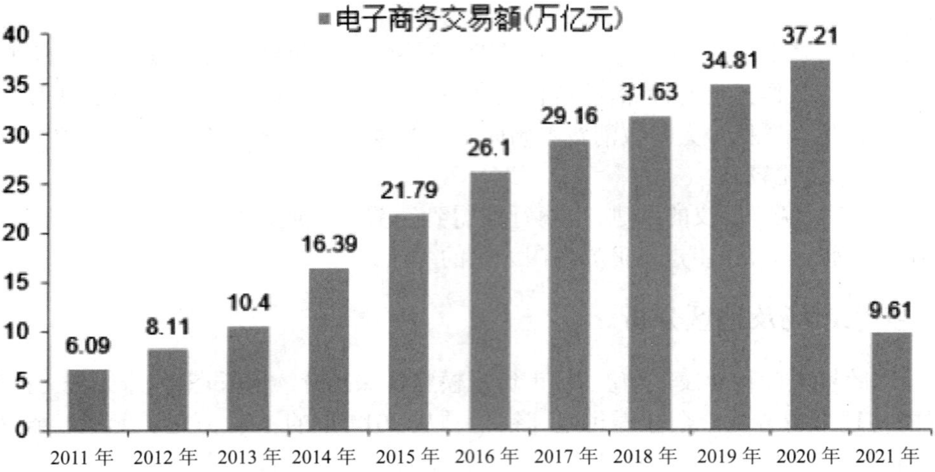

图 7.15　2011—2021 年上半年中国电子商务交易额统计情况

从商品品类看，商务大数据监测显示，服装鞋帽、针纺织品，日用品，家用电器和音像器材网络零售额排名前三，分别占实物网络零售额的 22.27%、14.53% 和 10.80%。中西药品、烟酒、饮料实现较快增长，同比增速均超过 30.0%。2021 年中国网络零售各品类零售额占比情况如图 7.16 所示。

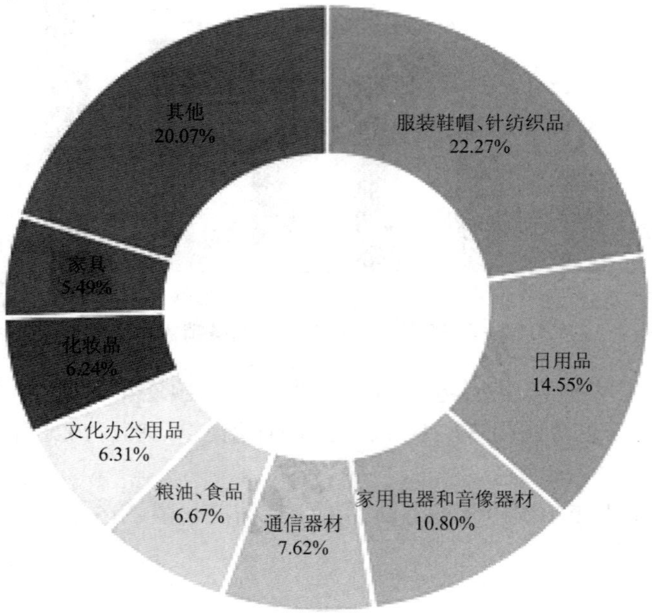

图 7.16　2021 年中国网络零售各品类零售额占比情况

从地区情况看，东部、中部、西部和东北地区网络零售额占全国比重分别为 84.54%、8.37%、5.68% 和 1.41%，如图 7.17 所示，同比增速分别为 10.7%、6.2%、4.1% 和 7.4%。

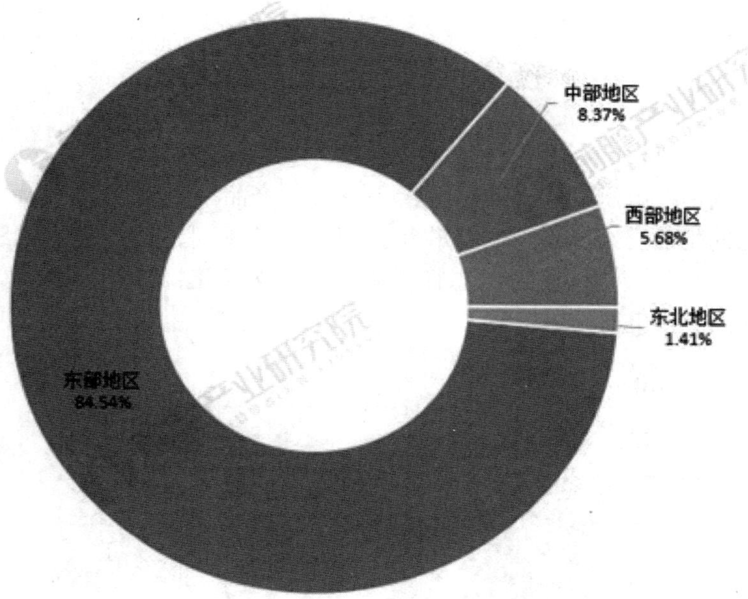

图 7.17　各地区网络零售额占比情况

从省份（直辖市）情况看，网络零售额占比排名前 10 位的为广东、浙江、上海、北京、江苏、福建、山东、安徽、河北、河南，网络零售额合计占全国比重为 87.46%。2021 年中国网络零售额 TOP 10 省份如图 7.18 所示。

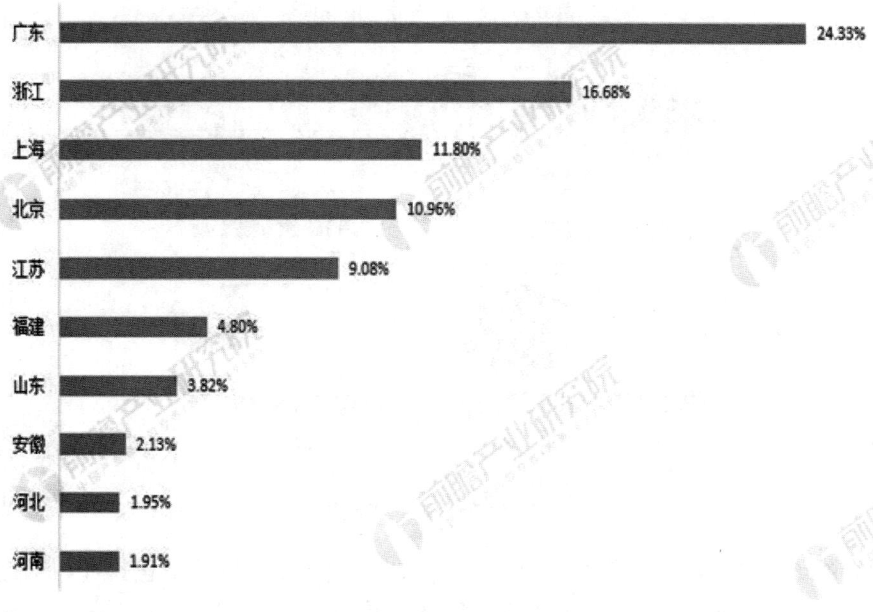

图 7.18　2021 年中国网络零售额 TOP 10 省份（直辖市）

技能点三　蓝海市场

蓝海电商就是在电商平台销售竞争小、利润高的产品。

现在人们的生活已经离不开电商平台了，例如淘宝网（图 7.19）现在已经不仅仅是购物平台了，而是一个综合社区，没事就想打开淘宝 App 去逛逛；又或者我们想找到某个产品，也会第一时间到各种电商平台搜索。

图 7.19　淘宝网首页

下面介绍红海商品与蓝海商品。例如，电脑桌这个产品，按照销量排序，排在前面的大部分都是天猫店铺，收货人数最高的店铺有 1.5 万多人，单个商品售价比较低。淘宝网一个页面有 44 个商品，而这款商品就有 100 页以上，这种就是典型的红海商品，竞争大、利润低，如图 7.20 所示。

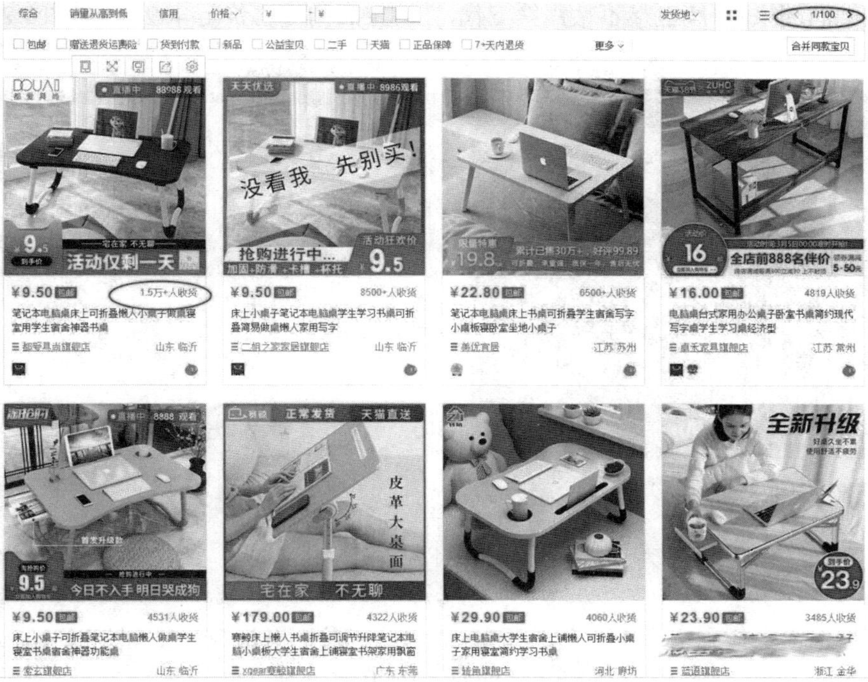

图 7.20　红海商品

再看看康巴赫不粘锅第三代，这款商品按照销量排序，收货人数最高的店铺有 242 人收货，单价中等，而这个商品只有 8 页，销售这款商品的商家很少。这种就是典型的蓝海商品，竞争小，如图 7.21 所示。

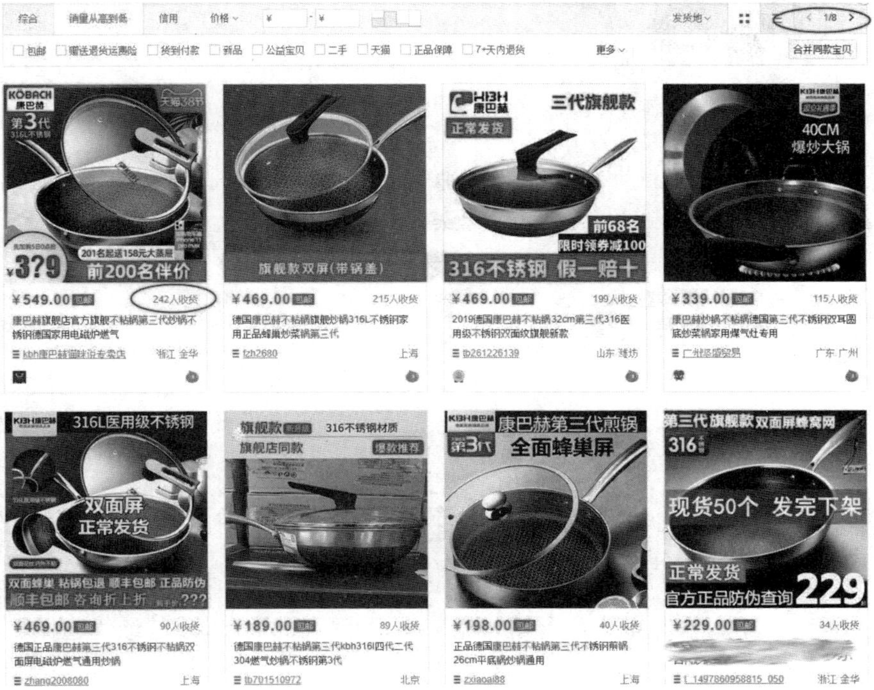

图 7.21　蓝海商品

再从利润端来看，康巴赫不粘锅第三代，在淘宝店的零售价是 469 元，如图 7.22 所示。

图 7.22　淘宝店商品

在阿里巴巴上找到销量第一名的商家，他们的代发价格是 268 元（图 7.23），这样算下来就有 200 元的毛利。一个月卖 50 单，就能有 10 000 元毛利。

图 7.23　阿里巴巴商品

总之，对于卖家来说，在电商平台销售竞争小、利润高的商品，才是最优选择。

任务实施

通过学习，大家掌握了对电商行业进行分析的能力，并具备了开设店铺和选品的技能。任务实施通过学习店铺数据指标分析，旨在扩宽运营层次的知识面，进一步对运营能力进行总结及提升。电子商务数据基本指标体系如图 7.24 所示。

图 7.24　电子商务数据基本指标体系

1. 总体运营指标

总体运营指标如图 7.25 所示。

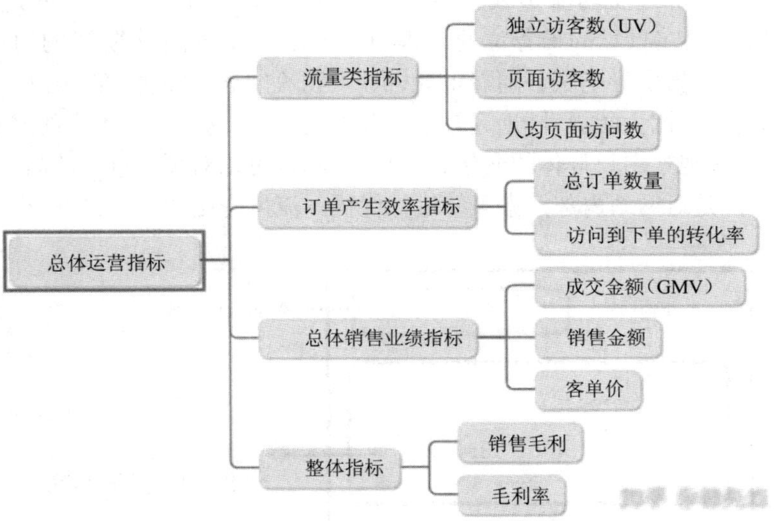

图 7.25　总体运营指标

2. 网站流量指标

对网站的访客行为进行分析，特别是做独立站的，要了解网页重点的流量入口和流量质量（最吸引用户的是哪些，其指标包含跳出率、页面访问时长、人均页面访问数等），并基于这些数据对网页进行改进，如图 7.26 所示。

图 7.26　网站流量指标

电商网站页面的流量或销售分布也是需要着重观察的指标，因为其对后续优化工作起到非常重要的作用。

通过观察并分析页面的流量或销量分布，才能更好地了解用户的变迁行为。例如，2015—2016 年，产品在首页的推荐位的销售归因占比最大，但这个阶段的用户的网购主动性不够强，容易被广告引导购买。随着电商、供应、物流的逐步完善，在 2017—2018 年，搜索框的流量和销售的占比大幅提升，远远超过推荐位的占比，这体现出用户的网购主动性变强了。电商网站通过观察用户群体的变化和用户习惯等，可以对页面进行改版，对页面布局进行优化，更重要的是对网站内部搜索引擎进行优化。流量占比如图 7.27 所示。

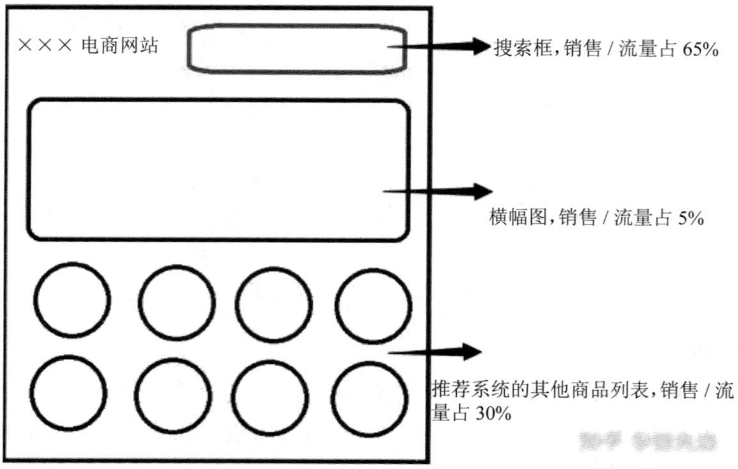

图 7.27　流量占比

通常通过分析转化漏斗的指标,能更准确地把握每个环节的具体问题。转化指标如图7.28所示。

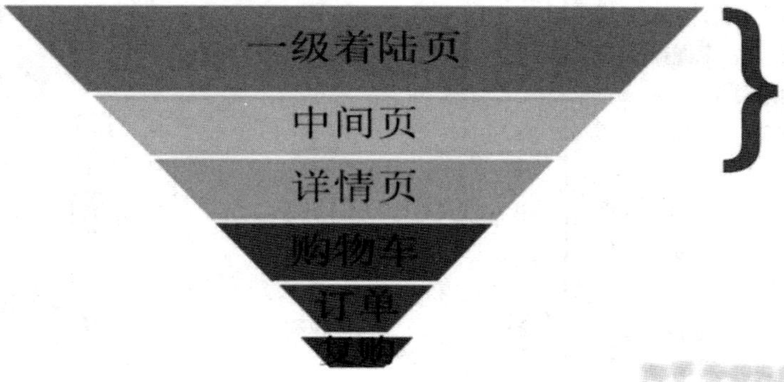

图 7.28　转化指标

在一级着陆页中,我们除了关注客户是通过什么渠道(百度搜索、其他关联网页推荐等等)进入我们的网站,还要关注通过一级着陆页进入下一层"中间页"的用户人群。

通过点击行为,用户能通过第一层"滤网"。伴随点击行为产生2个数据:页面点击率和跳失率。

页面访客点击率 = 页面访客数 / 页面点击总次数

跳失率 = 通过一个入口进入就离开的次数 / 通过该入口访问的总次数

点击率越高,说明页面呈现的内容越有吸引力越能有效吸引用户的关注。跳失率越高,说明页面所呈现的内容越不具备吸引力。因此,在进行第一层滤网的优化方面尽量提高页面的点击率,降低页面的跳失率,尽量让用户下沉到二级页面(或者目标页面)。

可见,页面低质量流量往往符合以下几个特点:①低点击率;②高跳失率;③低页面停留时间。这些低质量流量产生的原因主要有以下几个方面。

(1)渠道引流上呈现的文案内容与承接落地页面不符。

(2)投放渠道与目标用户活跃范围不符,也就是说投放的渠道不精准。

(3)承接页出错等以及其他原因。

流量分析如图7.29所示。

由图7.29可知,高流量的渠道,带来的往往是低转化倾向;在高转化倾向的背后,是中低流量。我们需要把握好运营的不同阶段,明确目前是处于初期新品推广提高曝光度阶段,还是中期提高转化阶段,或者是后期维护提高利润阶段,从而选择不同的推广渠道。

流量成功通过第一层后,进入中间页阶段,中间页阶段的内容包含:①搜索列表页;②专题活动页面;③频道页面。

不同的中间页有不同的数据指标,它们反映了页面内容的好坏以及流量的走向。影响中间页的因素访客进入商品详情页数量和UV到达详情页转化率 。UA到达详情页转化率 = 详情页UV/ 中间页UV。下面介绍不同类型的中间页对流量的影响。

渠道	流量数量	流量质量	转化倾向
直接流量	中	高	高
SEM	高	中	低
硬广（门户弹窗、视频广告、电视媒介、电台口播等）	高	低	低
SEO	中	高	高
EDM	低	低	低
软广（新媒体、微博、社区论坛、微信、通讯稿等）	中	高	高
户外广告投放（静态、动态展示）	高	低	低
直播平台	中	高	高
PUSH（短信、App 内容推送通知等）	低	中	中

图 7.29　流量分析

1）搜索列表页

我们可以通过用户搜索的关键词来判断用户最关注的商品，从而进行合理规划和布局。

搜索点击率 = 点击次数 ÷ 搜索次数

这个指标用于衡量搜索页面的呈现质量，理论上搜索点击率要在 200% 及以上才比较健康。

UV 到详情页转化率 = 详情页 UV÷ 搜索或者列表页 UV

该指标在搜索和列表中同样适用，用于平衡点击率的作弊可能，也是反映三级页面呈现质量的指标之一。

2）搜索结果次数

搜索结果页首屏点击率 = 搜索首屏点击次数 ÷ 搜索次数

该指标用于衡量搜索结果首屏的商品排序质量与呈现质量。该数据指标的好坏可以间接反映搜索词呈现的页面排序是否合理，是否符合用户的需求。

列表页的首屏指标与其相同，只是名称不同而已，即列表页首屏点击率 = 列表页首屏点击次数 ÷ 列表页 PV。

3）搜索词产生的搜索次数

一个搜索词的搜索次数高表示该词所涉及的类目需求量高，反之亦然；如果是在列表页则为访问 PV，搜索词被多少人搜索的数量，一个搜索词的搜索人数多表示该词所涉及的类目需求量高，主要是为了防止出现搜索次数作弊的情况，反之亦然。如果是在列表页则为访问 UV。

4）高级筛选项点击次数

在搜索列表页中，页面顶部的高级筛选项是为提供快速定位而设立的。高级筛选项的点击次数和使用率也可以为运营人员提供商品热度参考。

例如，客人搜索“单肩包”或者访问单肩包的列表页，在这些页面中会出现如材质、价格款式等参数项来给用户选择筛选。通过监控页面的筛选参数的点击次数，可以得到相关“单肩包”的哪些款式、哪些材质、哪些价位是消费者主要关注的，并以此来进行主推产品的规划。

3. 销售转化指标

电商万能公式：销售额 = 流量（UV）× 转化率（CR）× 客单价。

流量（UV）体现的是运营对站内外广告、SNS、SEO 的推广能力体验；客单价反映的是产品的供应端和类目市场；转化率则是对这两个指标的直接体现，既反映了运营的能力，又反映了产品在市场 / 供应方面的价值。通过把控这个指标，可以准确地做出销售判断，还可以权衡产品端和运营端。销售转化指标如图 7.30 所示。

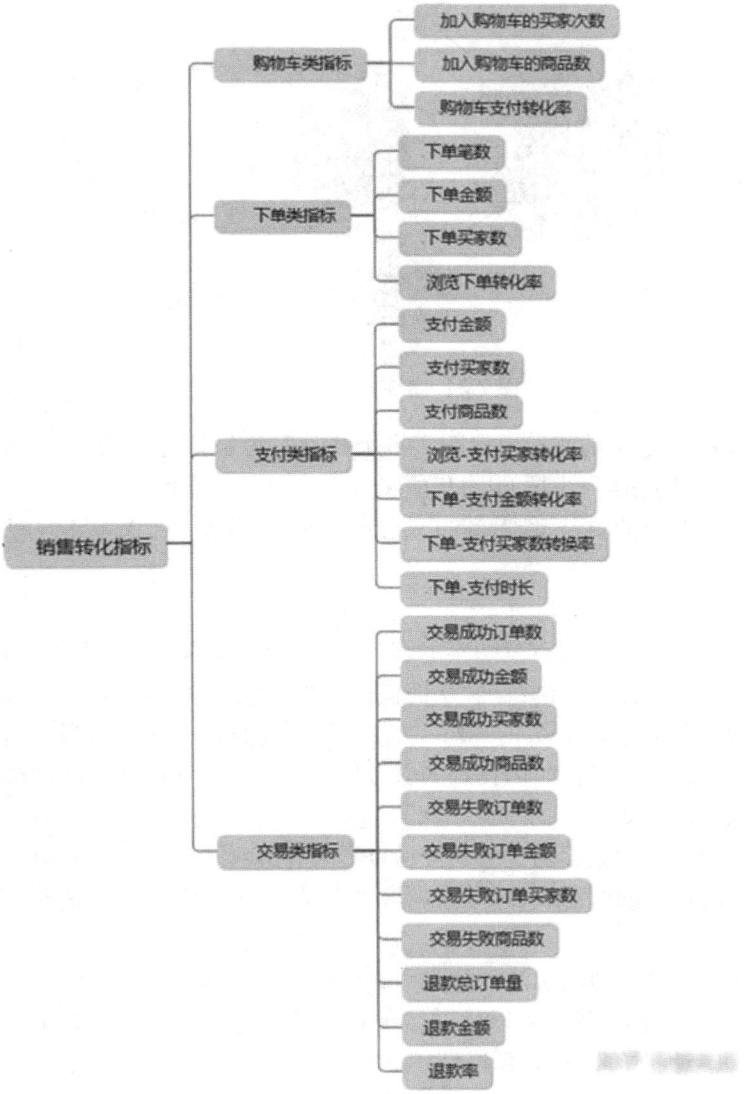

图 7.30　销售转化指标

1）平均页面停留时间

平均页面停留时间 = 页面停留总时间 ÷ 访问 UV 数

该指标与页面的呈现布局有着明显关联，包含商品参数介绍、详情图片描述、客服在线情况、好评率等。

2）加入购物车数

加入购物车数的因素包括：①详情页页面综合质量（图片、排版、展示、参数说明、售后信息）；②在线客服综合服务指数（响应时间、在线时长、答复满意度）；③评价信息（好评率、差评回复内容、晒单信息）。影响转化率的因素如图 7.31 所示。

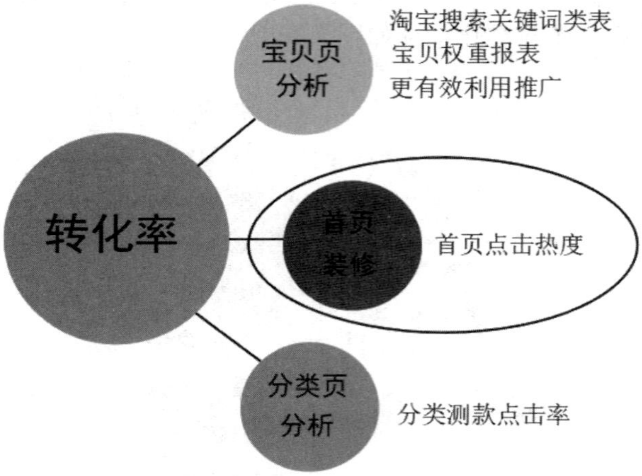

图 7.31 影响转化率的因素

购物车的作用一方面是节省用户购买多个商品时的付款时间，另一方面能有效提高客单价。在满减用券等促销手段下，购物车能起到事半功倍的作用。

随着电商市场竞争的日益激烈，流量只会越来越贵，获得一个新客户的成本可以维护多个老客户。

3）复购率

复购率 = 一段时间内重复购买的客户 ÷ 一段时间内产生购买的客户数

该指标让我们更关注时间的维度，从而横向分析问题。有据可查，一个成熟期的购物网站其老用户贡献的销售额占总数的 60%~70%。因此我们在看到流量漏斗的转化模型的同时，更要注重对会员的分层管理，用良好的服务以及具有创意和力度的活动维系老用户。

复够率过低的原因如下。

①没有对老会员进行足够的唤醒。可通过短信、push、线下广告等活动进行推广激活。

②近期投入的拉新的资源较多，导致新客增多从而降低了复购率，需要核实拉新活动的数据。

③超低价或者超优惠活动引流也会导致大量新用户引入，会对复购率产生影响。

根据客户的价值指标，我们可以通过结合 RFM 用户价值模型 K-Means 聚类算法，找出有价值的客户，进一步对客户进行精准营销。客户价值指标如图 7.32 所示。

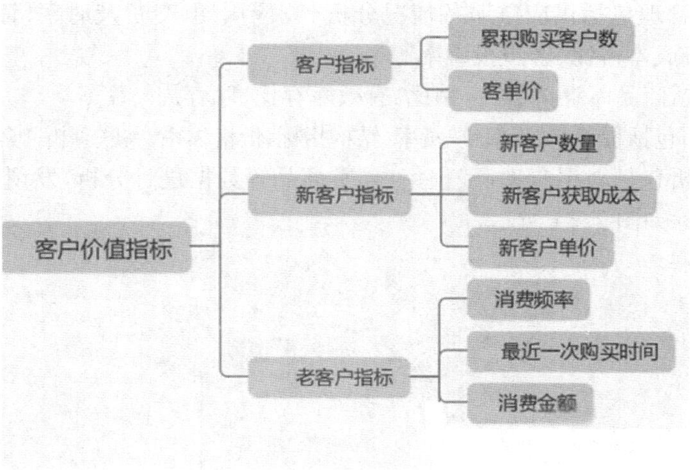

图 7.32　客户价值指标

对有价值的用户进行细分，利用有限的营销资源重点投入，从而实现价值产出最大化。基于这个目的，我们通常需要将细分的用户按照 RFM 模型给出的分级排序，从最好到最差。

在一段时间内，如果业务结果和排序一致，那么说明细分能够相对准确地将有价值的用户从整体用户中划分出来。通常运营团队会不断地验证和修订维度，用于提升会员运营的效率，将预算花在该花的地方。细分客户如图 7.33 所示。

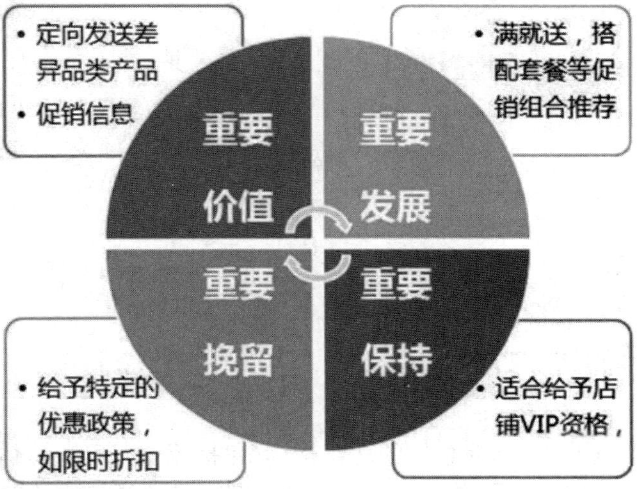

图 7.33　细分客户

4）商品品类指标

主要分析商品的种类、销量、库存情况，通过建立关联模型来分析将哪几类商品捆绑销售时，销量比较高。

同时，根据商品品类指标，可以从采购管理、供应链环节管理、库存管理、基础商品销售健康度、异常商品分析等方面对商品进行细化管理。

采购管理包括供应商数据分析和采购匹配度分析等。

供应链环节管理包括供应链服务情况分析（响应周期、交货及时率、订单执行率）和管理指标分析（物资成本占比、客户投诉率等）。

库存管理包括商品库存天数、存销比、有效库存比、库存周转率等。

重要指标分析包括货龄、动销率、缺货率、结构指标、价格体系、关联分析、畅滞销等分析指标。

异常商品分析包括对退货率、残损率、异常商品等数据进行分析，发现异常商品及时处理。商品品类指标如图 7.34 所示。

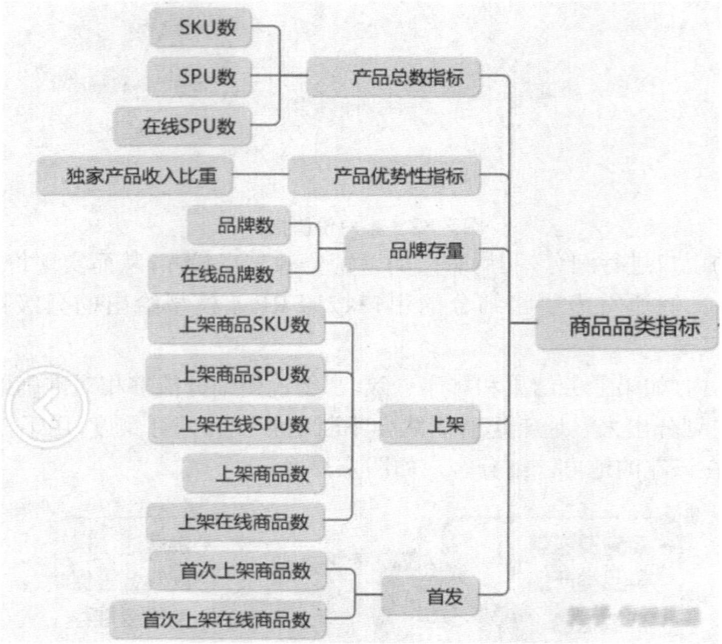

图 7.34　商品品类指标

任务总结

重点学习运营数据分析，掌握总体的运营指标，包括流量、订单、总体销售业绩，对整个运营平台 / 账户有大致的了解，这些是一名合格的运营人员须具备的基本技能。

英语角

Selection	选品

Tactics	策略
Traffic	流量
Index	指标
Supplier	供应商
Transform	转化
Repurchase Rate	复购率

任务习题

一、名词解释题

复购率　人群画像

二、选择题

1. 电子商务技术使得商家能够更加了解消费者，(　　)。
A. 消费者得到的信息越多，信息越不值钱
B. 消费者得到的信息越少，信息越不值钱
C. 消费者得到的信息量和信息的价值成正比
D. 以上都不对
2. 适合在网上直接传递的货物是(　　)。
A. 有形商品
B. 信息产品
C. 实体商品
D. 图书音像制品
3. 对我国电子商务应用现状描述不正确的是(　　)。
A. 不少传统产业与中西部地区电子商务发展相对落后
B. 大部分电子商务网站功能强大，能完成网上购物、网上支付
C. 传统商业与电子商务将长期并存
D. 大部分电子商务是非支付型的，网上营销、网下支付

二、简答题

1. 简述选品的重要性。
2. 什么是用户画像?
3. 谈谈电子商务对社会的影响。